비행(非行)청소년들의
행복한 비행(飛行)을 응원하는
둥지 이야기

다시 아빠 해주세요!

비행(非行)청소년들의
행복한 비행(飛行)을 응원하는
둥지 이야기

다시 아빠 해주세요!

CONTENTS

- 추천사 _6
- 프롤로그 _17

Episode 1_ 둥지에 둥지를 틀다

1. 법정에서 만난 기회 _27
2. 둥지에 둥지를 틀다 _36
3. 넘버 원, 따따이 _45
4. 레알? _54
5. 엄마가 부끄러워요 _65
- 따따이 생각 _72
- 둥지 아이들 마음 _74

Episode 2_ 죽고 싶으니 제발 살려주세요

6. 가족이 뭔지 _79
7. 죽고 싶으니 제발 살려주세요 _88
8. '아름다움'은 '앓음다음'이래 _96
9. 나만 아니면 돼 _103
10. 세상에 나쁜 걔는 없다 _111
- 따따이 생각 _118
- 둥지 아이들 마음 _120

Episode 3_ 평범하게 살아봤어야 평범하게 살지

11. 오늘부터 1일 _125
12. 명절이라 더 슬픈 날 _133
13. 평범하게 살아봤어야 평범하게 살지 _141
14. 작은 기적의 무대, 둥지극단 _149
15. 태풍이 지나가야 _156
– 따따이 생각 _166
– 둥지 아이들 마음 _168

Episode 4_ 다시 아빠 해주세요!

16. 다시 아빠 해주세요! _173
17. 소중한 나 _181
18. 굿모닝 필리핀 _189
19. chance! change! _196
20. 안녕, 둥지 _205
– 따따이 생각 _214
– 둥지 아이들 마음 _216

추천사

부산가정법원 청소년회복센터 '둥지'에서 지내고 있는 아이들의 이야기가 책으로 나왔다.

"행복한 가정은 모두 엇비슷하지만 불행한 가정은 불행한 이유가 제각기 다르다"는 톨스토이의 소설 구절처럼 아이들이 반듯하게 잘 자라기 위하여 필요한 것들이 많은데, 필요한 것을 가지지 못한 아이들에게 "죄와 벌"만을 이야기 하는 것은 공허하게 느껴진다. 다행히 '둥지'와 같은 청소년회복센터에서 아이들과 같이 거주하면서 아이들을 보호하고 가르치는 수고로움을 맡아주고 있다만, 다양하고 충분한 보호와 교육이 주어지지 못하고 있는 현실은 부정할 수 없다. 이 책을 통해 청소년회복센터의 아이들이 어떤 아이들인지, 이들이 어떻게 지내는지를 알게 되고, 우리 사회가 아이들에게 그리고 아이들을 보호하고 가르치고 있는 분들에게 더 많은 관심과 응원을 보낼 수 있는 계기가 되기를 기원해 본다. 그래서 "아이들이 행복한 나라"로 나아가는 작지만 큰 발걸음이 되기를 응원한다.

부산가정법원장 **한영표**

창원지방법원에 재직 중이던 2010년 11월에 그 누구도 시도하지 않았던 가정법원에서 처분을 받은 보호소년들만을 위한 공동생활가정인 '청소년회복센터'를 출범시켰다. 2013년 2월에 부산가정법원으로 부임한 이후 임윤택 목사님을 알게 되었고, 회복센터를 돕는 일을 함께 추진해 나갔다.

자신의 자녀 한 명도 제대로 양육하기가 어려운 시절에 혈연관계가 없는 10여명의 비행청소년들과 함께 생활해야 하고, 6개월 단위로 아이들이 변경되는 상황에서 단기 입양 부모로서 아이들을 보살펴야 하는 목사님 내외분의 고충과 헌신을 속속들이 알기는 어렵다. 그런 차에 센터의 일상을 엿볼 수 있는 책이 나와 반갑기 그지없다.

이 책은 센터에서의 이야기들을 아주 조금 담아내었을 뿐이다. 하지만 비행 청소년들의 실상과 회복센터 운영자들의 애환을 충격적이고 감동적으로 잘 소개하고 있다. 대한민국의 모든 분들이 이 책을 읽기를 소망한다. 그리고 벼랑 끝에 선 아이들의 걸음을 돌이키기 위해 우리 사회의 가장 어두운 곳에서 고군분투하고 있는 회복센터 운영자들을 향해 아낌없는 박수를 보내 줄 것을 부탁드린다.

부산지방법원 부장판사 **천종호**

어떤 선택을 할 때 늘 나의 표준은 이것이 사람을 살리고 세우는 일인가 하는 것이다. 임윤택 목사님의 저서 "다시 아빠 해주세요"에는 온갖 상처와 아픔으로 길을 잃어버린 청소년들에게 따따이(아빠)가 되어

온 삶을 내어주고 마침내 그들을 살리고 세워내는 깊은 감동의 사랑이 야기가 담겨 있다. 원고를 읽는 내내 아픔과 눈물 그리고 감사와 존경이 가득 밀려왔다. 이 책에 등장하는 청소년들의 아픔은 바로 우리시대의 일그러진 모습이다. 임 목사님의 그 험난한 여정에서 풍랑 위를 걸어 손 내미시는 예수님을 만날 수 있었다. 격랑의 시대에 교회가 세상을 향해 가야할 길을 보여 주고 있다. 이번에도 기대를 저버리지 않고 사랑과 감동 그리고 삶이 담긴 또 한편의 역작을 선물해 주신 도서출판 엠마우스 김희정 대표님의 탁월한 선택에 박수를 드린다. 참으로 귀하신 삶의 이야기로 이 시대를 향한 하나님의 음성을 들려주신 임윤택 목사님께 마음 깊은 감사와 축하를 드리며 자랑스럽게 일독을 권한다.

고신대학교 총장 **안 민**

소위 비행 청소년들이 다시 비행할(날아오를)수 있도록 둥지를 만들고 먹여주고 재워주고 놀아주며 스스로 그들의 아빠가 되어주고 계신 임윤택 목사님의 사역은 응원하지 않을 수 없다. 가까이에서 지켜보며 안타까워 자주 말씀드린다. "목사님, 사랑하다 지치지 마세요" 신부산교회에서 7년간 동역하면서 나는 사랑을 설교했고 임 목사님은 사랑을 실천하셨다. 지금까지 목사님과 목사님 사역을 응원할 수 있는 것은 나와 우리 교회에 주신 복이다. 이 책을 읽으며, 우리가 지나쳐왔던, 그러나 누군가는 꼭 가야 할 아름다운 길에 동행자가 많아지길 기도했다. 사랑받지 못하는 아이들이 없는 사회가 되도록 함께 노력했으면 좋겠다. 인생이 너무 버거워 지친 분들에게, 내가 받은 사랑을 흘려보내고 싶은 분들에게, 그리고 행복한 비행(飛行)을 꿈꾸는 모든 분들에게 일독을 권한다.

신부산교회 담임목사 **조정희**

〈다시 아빠 해주세요!〉 책 제목을 보자마자 오랫동안 위기 청소년들과 함께 한 임윤택 목사님의 사역이 머릿속으로 스쳐지나가는 듯했다. 임윤택 목사님은 다양한 색을 가진 사역자이다. 첫째, 소위 '외계인'이라 부르는 청소년 사역을 하는 것도 쉽지 않은데, '외계인 중에서도 특별한 외계인'인 위기 청소년들과 동고동락하는 임윤택 목사님은 '현장의 사역자'이다. 둘째, 또한, 기독교교육과 청소년을 공부하고 그 공부를 바탕으로 실제 현장에 접목시키며 아이들에게 회복을 일으키는 '이론과 실제를 겸비한 사역자'이다. 셋째, 어릴 때부터 가정 환경이 좋지 않은 아이들, 어쩔 수 없는 상황 속에서 밖으로 내몰린 아이들을 위해 기꺼이 다시 아빠가 되어주는 그는 '희생의 사역자'이다. 임윤택 목사님이 청소년들과 함께 한 감동의 둥지 이야기가 책으로 나와, 목사님의 사역 그리고 함께하는 둥지 청소년들의 삶이 세상 속에서 환한 빛을 발하기를 기대하며 기쁜 마음으로 이 책을 추천한다.

함께하는교회 담임목사/십대의벗 대표 **황동한**

임윤택 목사님은 나쁜 아버지, 바쁜 아버지, 아픈 아버지, 없는 아버지로 고통 받던 아이들의 아빠이다. 이게 말처럼 쉬운 일이 아니다. 1년 366일, 휴일도, 휴가도 없이 24시간 함께 생활하면서 몸으로 삶으로 아버지 노릇 하기는 그야말로 십자가의 고통이다. 우리 주님이 그 일을 기꺼이 담당하셨고, 그리하여 구원의 문이 열렸다. 임 목사님으로 인해 둥지센터 아이들이 새로운 세상, 새로운 가족을 맛보고 있다. 전에 없던 일을 경험하다 보니 알콩달콩, 와장창 소리가 끊이지 않는다. 그렇게 아이들이 자라고 있다. 변하고 있다. 읽는 내내 울었고, 웃었다. 그리고 희망을 보았다. 이 책이 깨어진 가정들, 깨어지기 직전의 가정들, 언젠가 깨어질 모든 가정과 부모들이 먼저 읽었으면 좋겠다. 그리고 학교 교사들에게도 필독서이다. 아프고 다친 아이들의 아빠와 선생님이 되어주는 이야기, 아빠, 엄마 찾아 그 난리를 피운 아이들의 이야기, 나에게, 많은 이들에게 구원이 될 것이다.

로고스서원 대표 **김기현**

화려하게 꾸민 글이 있는가하면 삶이 글이 되는 이가 있다. 꽤나 오랫동안 임 목사님의 삶을 들여다보며 지나왔다. 이슈가 될 만한 삶이지만 그러기를 원치 않았다. 자신의 사역이 다른 누군가와 다르지 않다고 했다. 그는 진짜다. 어린 시절의 절망이 예수를 만나게 했고 소망을 살아내게 했다. 둥지는 우리가 닿을 수 있는 땅 끝과 같았다. 몇 번의 우연한 기회에 만난 아이들은 여느 친구들과 다르지 않았다. 사랑이 고팠고 위로가 그리웠다. 그 아이들과 함께 살아가는 이야기는 결코 희망적이라 말 할 수 없는 긴장 그 자체이다. 그 긴장 속에서 아주 작은 소망의 빛을 만난다. 그의 삶은 온기가 있다. 속 깊은 정으로 오랜 나무처럼 아이들의 곁을 지켜주고 있다. 임 목사님을 보고 있으면 오늘의 내 삶이 한 없이 부끄럽게 느껴진다. 기나긴 팬데믹과 차디찬 겨울 바람에서도 복음의 온기를 그에게서 느낀다.

더푸른교회 담임목사 **강은도**

요한복음 4장에는 이야기가 구원받는 사건이 소개된다. 우물가의 그 여인은 부드럽게 이끄시는 주님 앞에 속 깊은 사연을 꺼내놓고 역린 같은 그 이야기를 다룬다. 주님 앞에서 그것은 전혀 다른 이야기가 되고 그녀의 운명도 달라진다. 그녀의 이야기가 구원을 받는다. 사람들은 구원받지 못한 이야기를 아무렇게나 내뱉으며 살아간다. 말하는 자도 듣는 사람도 징그러워 몸서리치는 그 이야기를 어떻게 끝내야 하는지 모른다. 제대로 이야기를 풀어낼 수만 있다면 끝이 나는데… 그런 이야기의 어느 끝에서 우리의 구원이 완성되는데… 임윤택 목사님은 안으로 곪은 이야기를 이고지고 웅숭그리는 아이들과 함께 살고 있다. 그들의 옹이 박힌 이야기가 풀어지는 과정을 지켜보면서 말이다. 그 이야기들을 이참에 다른 플롯으로 소개하는가 보다. 스토리텔링은 자주 힐링의 도구가 되는 것이기에 내 이야기도 포개어 놓고 싶다. 이 이야기를 통하여 내 이야기가 구원받을 줄 믿으며…

아름다운교회 담임목사/YIM 대표 **김상건**

〈다시 아빠 해주세요!〉 원고를 읽었다. '둥지'를 거쳐 간 아이들의 울음소리와 웃음소리를 실컷 들은 기분이다. '나를 믿어주는 한 사람'만 있어도 아이들은 잘 자랄 수 있는데, 그 한 사람이 없는 아이들이 얼마나 많은지… 둥지의 아이들을 몇 차례 만났다. 둥지에 들어온 아이들의 얼굴은 유난히 밝았다. 사랑과 관심과 믿음을 먹고 회복되어가는 아이들의 얼굴이었다. 그 아이들의 아빠로 살아가는 일은 많이 외롭고 고달플 것이지만, 기꺼이 '다시 아빠'가 되겠다는 임윤택 목사님께 그저 고맙다. '믿어주는 한 사람'을 만난 둥지 아이들의 미래가 기대된다.

한양대학교 일반대학원 교수/더공감 마음학교 소장 박상미

이 책은 수십 년 청소년을 위해 사역해 온 임윤택 목사의 삶을 보여준다. 특별히 그동안 비행 청소년들과 살면서의 경험을 가감 없이 보여준다. 가정과 사회에서 상처받고 찢긴 마음들이 둥지라는 공동체에서 조금이라도 회복되어 세상으로 나가는 모습을 우리에게 보여주어 따뜻함을 가져다준다. 단 한 번도 따뜻한 공동체를 경험하지 못한 비행 청소년들에게 따뜻한 공동체, 따뜻한 가정의 모습을 보여주고 경험하도록 사랑으로 사역하고 있는 모습에 매우 감명 깊다. 이 책은 비행 청소년들의 삶을 보여주는 결정판이다. 이들을 둘러싸고 있는 환경은 늘 이들을 위기로 내몰고 있다. 하지만 비행 청소들의 행복한 비행을 응원하는 둥지라는 공동체인 청소년회복센터가 있어 이들의 삶은 더욱 빛이 날 것으로 기대한다. 이 책을 통해 그들의 삶을 더욱 이해하고, 그들을 응원하는 한 명의 독자로서 그들의 삶을 응원하고 따뜻한 시선으로 그들을 바라볼 수 있기를 기대한다.

부산진구청소년문화센터 센터장 박용성

가정은 둥지이다. 청소년을 큰 날개로 자라 날아가도록 하는 곳이다. 지금은 집(House)은 많은데 가정(Home)이 너무 적다. 그래서 임윤택 센터장이 운영하는 둥지청소년회복센터는 날개 아픈 청소년의 가정이다. 임윤택 센터장님 부부를 존경한다. 부족하지만 곁에서 둥지아이들 같은 청소년들을 상담하다 보면 상담도 처벌도 근본 해결이 아니라 누군가 곁에서 존재 자체로 존중하며 살아줄 둥지 같은 가족이 필요함을 느낀다. 그런 점에서 부러진 아이들의 날개를 다시 둥지에서 일정 기간 아빠가 되어 주고 엄마가 되어 주는 일은 꼭 해야 할 일들이다. 부족하지만 전문상담가라는 작은 재주로 이 일을 도울 수 있어서 보람과 기쁨이 크다. 많은 책들이 있지만 이 〈다시 아빠 해주세요!〉는 그냥 책이 아니다. 피 같은 삶이고 심장이 뜨거운 아픔이다. 우리 모두도 조금씩 치유되어 가야 하는 우리 모두의 둥지 이야기이다. 이 책을 읽는 모든 어른이 다시 아빠가 되고 다시 엄마가 되는 일이 일어나길 간절히 빌어본다.

해피가정사역연구소 소장 **서상복**

둥지 센터장이며 둥지극단 단장님의 〈다시 아빠 해주세요!〉 출간을 축하드린다. 1년에 한 번 연극 "엄마의 바다"로 둥지 아이들을 만나지만 연습 기간 누구보다도 단장님과 사모님의 헌신이 없었더라면 매번 공연을 할 수 없을 것이다. 20년을 본 센터장님은 아이들을 너무나도 사랑하고 가시고기처럼 본인의 희생과 헌신을 쏟아 내시는 모습에 멘토로서 늘 도움을 받는다. 지금 시대에 손가락질 받는 청소년들의 아픔을 아빠처럼 사랑하고 때론 바른 길로 가게하기 위해 마음의 회초리를 들 수밖에 없는 센터장님. 그러면서 가슴으로 이 아이를 보낼 때는 눈물을 흘려보냈을 센터장님. 둥지의 만남을 통해 아주 먼 훗날 "그때 아빠가 되어 주셔서 감사합니다"라고 깨달을 날이 올 것이다. 센터장님 다시 한 번 출간을 축하드리며 이 책을 읽는 독자들에게 큰 위로와 용기, 그리고 삶의 나침판이 되었으면 좋다.

극단 디아코노스 단장 **김태연**

긴 시간 동안 앞만 바라보고 달려오면서 눈물 없이 써내려갈 수 없는 서사시이다. 아물지 않은 상처들을 사랑이라는 반창고로 덧대고 싸매는 결코 쉽지 않은 길이었을 것이다. 때로 함께 부둥켜 앉고 우는 게 전부였을 마음에 위로를 보내고 싶다. 이 땅에 부모와 자식으로 왔지만 인연을 다하지 못하고 깊이 파인 상처만 남긴 자리에 또 하나의 엄마, 아빠로 살아 온 같은 길을 걸어가는 자로 마음에 위로와 격려를 보내고 싶다. 아픈 가슴 부여안고 통곡하는 아픈 손가락 내 새끼들의 행복만 바라고 자신의 살을 발라 먹이는 센터장님과 사모님께 큰 위로가 되고 아이들엔 행복한 둥지가 되기를 소망해 본다.

보금자리청소년회복센터장 **정창호**

부모를 선택할 수 없고, 자식도 선택할 수 없듯이 삶 또한 계획한 대로 살아지지 않는다. 자녀는 내가 부모의 가슴에 낸 상처의 족히 열배는 상처를 낸다. 무서웠다. 내 아이의 모습이. 내가 알던 아이는 오고간데 없이 사라지고 전혀 모르는 아이가 있었다. 가정의 해체, 성폭력으로 인한 정서 불안정, 표현 할 줄 모르는 아이는 비행에 빠졌다. 담배, 술, 말 그대로 비행…

이후 판결을 받아 1호 둥지센터를 만났다. 청소년회복센터 둥지에서 아이는 다양한 상처를 가진 아이들과 만나 성장했다. 기다림으로 아이를 보살펴주신 센터장님과 사모님, 보호기간 동안 아이에게 아빠 엄마가 되어주셨다. 학교도 병원도 개인생활도 다 같이 해주셨다. 오롯이 아이에게 눈을 맞추고 이해할 수 없는 행동과 말투도 공감으로 아이를 보살펴주셨다. 잠시지만 오래토록 감사하다. 둥지.

둥지센터 김O정의 보호자 **김은미**

"넌 언제쯤 쓸모 있는 사람이 될거니?" 지금 20대인 제가 10대에 한참 방황할 때 수도 없이 들었던 말이다.

제 인생의 마지막 소년재판의 보호처분으로 둥지에서 생활을 하게 되었고, 처음엔 힘들기도 답답하기도 하고 도망치고 싶을 때도 있었다. 하지만 그때마다 항상 붙잡아주시고 응원해주시는 센터장님 부부가 계셨기에 부정적이던 제가 긍정적으로 변화되었다. "널 기대한다"라고 하셨던 목사님은 지금도 변함없이 여전히 기대하고 항상 응원해 주신다. '죄는 미워하되 사람은 미워하지 말라'는 말처럼 이 책을 읽으시는 부모님들 선생님들 그리고 어른들이 어떠한 사랑과 관심이 '비행 소년'들에게 필요할지 함께 고민해보는 책이 되었으면 좋겠다. 보다 많은 청소년들이 상처 없이 아픔 없이 행복한 자신들의 꿈을 향해 날아갈 수 있는 세상이 되길 기도한다. 아빠! 더 많은 아이들에게 저와 같은 희망의 날개를 달아주세요. 사랑합니다!

둥지청소년회복센터 2014년 퇴소자 **신승이**

'둥지'의 이야기가 책으로 나온다는 소리를 듣고 반가웠다. 저에게도 아프고 힘든 시간들이었지만, 이제는 제가 살아온 짧은 시간을 뒤돌아봤을 때 소중한 추억이 되었고 꼭 필요했던 순간들이 되어있었으니까. 둥지가 없었으면 지금의 저도 없었을 거라 생각한다. 이 책의 원고를 읽어보면서 참 많이 울었다. 모든 아이들의 이야기가 나의 이야기인 것만 같았다. 겪어보지 못했다면 몰랐을 책 속 아이들의 심정을 나는 너무나도 잘 알기에 읽으면서 함께 아팠고 함께 위로를 받았다. 비행을 하는 아이들은 저마다의 아픔과 상처들이 있는데 '나쁜 아이'라고만 생각하는 세상이 미웠다. 그래도 이렇게 아이들의 비행에만 초점을 두지 않고 그 아이들이 어떤 아픔과 상처를 가지고 있는지를 더 깊게 봐주시는 센터장님이 계셔서 오늘도 이렇게 위로가 된다. 이 책을 읽으며 여러 모양의 상처를 가진 아이들의 모서리를 함께 안아주셨으면 좋겠다.

둥지청소년회복센터 2017년 퇴소자 **이 원**

프롤로그

저는 청소년과 함께 해 왔습니다. 1992년부터 지금까지 30년 동안 잘하던 못하던 고집스럽게 청소년 사역의 현장에서 함께하고 있습니다. 마치 특정한 메뉴만을 고집하며 시대의 변화에도 아랑곳 하지 않고 묵묵히 자리잡고 있는 친근한 동네 맛집처럼 흔들림 없는 뚝심으로 청소년 사역의 현장을 지키고 싶었습니다. 사단법인 보물상자를 통해 복지사각지역에 있는 위기 청소년들을 지원하는 사업을 하던 중, 2013년 소년재판을 담당하던 천종호 판사님을 만나게 되었습니다. 자연스레 비행과 범죄에 노출된 청소년들에 대한 마음을 나누면서 열악한 현실의 민낯을 보게 되었고, 점점 삶의 무게 중심이 비행 소년들에게 기울어져 갔습니다. 당시 부산경남 지역에 10개가 있던 청소년회복센터를 지원하는 일을 하다가, 여자아이들을 위한 운영자가 필요한 상황에 2014년 봄부터 둥지청소년회복센터를 직접 운영하게 되었습니다. 이후 저의 삶에는 많은 변화가 있었습니다. 기존 4명의 자녀 외에 수 많은 딸이 생긴 것입니다. 그것도 평범하거나 모범적이지 않은 말 그대로 범죄 청소년, 위기나 비행을 넘어선 범죄로 소년법정에서 처분을 받은 아이들이 우리집에서 함께 생활하게 된 것입니다.

저도 한때는 비행 청소년이었습니다. 사랑과 관심이 많았던 부모님이 계셨지만 알 수 없는 반항심으로 중학교 때부터 시작된 방황은 결국 고등학교 2학년에 학업을 그만둔 학업중단청소년으로, 비행 교우들과 어울리는 비행 청소년으로 지낸 세월이 있었습니다. 매주 크고 작은 범죄나 비행을 저질러서 법정에 들어서는 아이들을 만나면 대부분은 어릴 때 가정의 문제로 사랑받지 못해 자신의 삶을 돌보지 않고, 자신뿐만 아니라 다른 사람들에게도 피해를 줘 결국 법정에까지 서게 된 상황을 봅니다. 재판이 열리는 날은 때때로 가슴시린 사연을 가진 아이들로 인해 이른 아침부터 가슴이 먹먹해지기도 합니다. 소년법정에서 처분을 기다리는 아이들의 참혹한 현실, 부모들의 무력감, 안타까움, 탄식과 한숨, 흘러내리는 눈물… 꿈도 희망도 사라진 것 같은 아이들… 어떠한 처벌이나 조치로도 달라지지 않을 것 같은 기세의 안타까운 현장 가운데 순간순간 저의 사명을 확인합니다.

저는 둥지에서 다양한 아이들을 만났습니다. 지난 2014년 봄 둥지청소년회복센터를 시작해 지금까지 170여명의 아이들이 둥지를 거쳐 갔습니다. 대부분은 6개월의 처분 기간 동안 함께 지내지만, 가장 짧게는 1박2일 하룻밤 자고 나서 사라진 아이부터 2년 가까운 긴 시간을 함께 한 아이도 있습니다. 반복된 가출과 절도, 폭행, 사기, 성매매 등 각종 비행에 노출된 아이들부터 떠들썩하게 언론에 보도되어 사회적 공분을 일으킨 사건의 주인공도 있었습니다. 보호자 없이 보육원에서 성장한 돌아갈 가정이 없는 아이도 있었습니다. 입양가정에서 자신이 입양아라는 사실을 알게 되어 방황한 아이도, 모르는 가운데 탈선하여 입양부모의 애를 태우는 아이도, 둥지에 들어와서 자신이 입양된 사실을 알게 된 아이도 있었습니다. 돈을 벌기 위해 한국에 들어온 부모를 따라 중도입국한 외국인 아이도 있었습니다. 정신과의 치료를 요할 만큼 분노조절장애, 행동장애, 자해 등의 문제를 가진 아이들도 있었습니다. 아직 비행 청소년이라고 하기에는 너무 어린 초등학교 6학년부터 21살의 성인이 되어 자립지원을 해야할 아이들도 있었습니다. 6개월 처분기간을 잘 마치고 가정으로 돌아가서 지금도 잘 지내는 아이들도 있습니다. 가정으로 돌아갔지만 다시 문제를 일으킨 경우도 있습니다. 이탈과 재비행으로 처분변경이 되어 6호 시설이나 소년원으로 보내진 아이들도 있습니다. 그리고 더 좋은 모습으로 잘 지내며 가끔 찾아오는 아이들도 있습니다. 각기 다른 상황과 사건으로 재판을 통해 저와 둥지를 만나게 되지만 모두 사랑이 필요한 아이들이라는 것은 똑같았습니다. 그리고 나쁜 아이들이 아니라 아픈 아이들이었습니다. 바로 변하지는 않지만 아이들은 점점 자라고 있었습니다.

그래서 저는 이 아이들의 목소리를 전하고 싶었습니다. 그동안 둥지에서 함께 지내온 아이들의 이야기를 담은 책을 쓰기로 마음을 먹었습니다. 하지만 출퇴근도 없이 24시간 아이들과 함께 생활하는 상황에 글을 쓴다는 것은 생각보다 쉽지 않았습니다. 2년 전부터 틈 나는대로 하나씩 하나씩 쓰던 글이 모아지게 되고 이렇게 책으로까지 나오게 되었습니다. 이 책은 실제로 일어난 경험한 일을 기록했습니다만 특정 인물로 실제 아이가 노출되지 않도록 사건과 내용을 재구성했습니다. 또한 책을 읽으시는 분들이 아이들의 실상을 좀 더 잘 알 수 있도록 가능한 대로 아이들의 모습과 목소리를 그대로 생생하게 담고자 노력하였습니다. 그래서 이 책을 통하여 소년재판을 받는 아이들의 사건보다는 아이들이 처한 현실이 좀 더 잘 이해되길 바랍니다. 이 아이들이 사건을 저지른 가해자가 아니라 이 사회가 만들어낸 또 다른 피해자이기에 함께 안타까워하는 계기가 되면 좋겠습니다. 단순한 호기심이나 흥미거리가 아닌 우리가 함께 품어가야 할 자녀들의 신음과 한숨소리를 들을 수 있으면 좋겠습니다. 우리 자녀들을 훌륭하게 키우는 것도 중요하지만 그들의 이웃으로 살아가야 할 소외된 아이들의 아픔이 전달되기 바랍니다. 비행 청소년들의 이야기라는 선입견을 버리고 열악한 상황에서 몸부림치는 아이들의 목소리에 귀 기울여 주시길 부탁드립니다.

감사한 마음을 전합니다. 이 책 제목은 긴 시간 동안 계속 약속을 지키지 않고 실망을 주다가 결국 소년원에 갔던 아이로부터 받은 편지의 내용 중 한 구절입니다. 소년원에 처음 가서 자신의 삶을 비관하며 저를 원망하는 편지를 보내며 절교를 선언했던 아이가 6개월 가까운 시간이 흐른 후 '다시 아빠 해주세요!'라며 편지를 보내온 것입니다. 아이들은 춤을 춥니다. 아이들이 좋았다 나빴다를 반복하며 인생의 춤을 출 때 방황하다가도 불쑥 '다시 아빠 해주세요!'라며 다가옵니다. 그때 우리 어른들이 각 가정에서 학교에서 현장에서 품어낼 수 있는 사랑의 실력이 넓은 품이 되길 기대합니다. 제가 그렇게 안타까워하고 아파하기도하고 힘들지만 행복을 누리며 그 사랑을 알아가고 경험하게 한 함께한 모든 아이들에게 미안함과 고마움을 전하고 싶습니다. 그리고 소년보호재판을 통해 가정의 환경을 변화시키고 청소년의 성품과 행동을 바르게 하기 위해 앞장서시는 부산가정법원의 한영표 법원장님과 소년부 김태은 판사님과 배인영 판사님의 관심과 지지에도 감사를 표합니다. 처음 청소년회복센터의 문을 열고 지금도 변하지 않는 열정으로 지속적인 후원에 앞장서는 천종호 판사님께도 감사드립니다. 그리고 바른 기준과 삶의 모범을 직접 보여주심으로 큰 가르침을 주시는 스승이자 형님이신 신부산교회 조정희 목사님께도 감사드립니다. 추가합격으로 겨우 편입학하여 학문의 길이 새롭게 열린 고신대학교는 배움과 사역을 열어가는 출발선이었기에 학교와 안민 총장님께도 감사를 드립니다. 둥지 아이들 이야기를 책으로 쓰라고 권면하며 동기부여해주신 로고스서원 김기현 목사님과 다듬어지지 않은 원고 몇 편을 읽고도 꼭 필요한 책이라며 이 책이 손에 잡히도록 결정적인 역할을 해주신 엠마우스 김희정 대표님께도 감사를 드립니다. 그리고 부족한 책을 추천해주시고 격려해주신 모든 분들 특히 둥지 아이의 보호자로 아픔을 가지고 있지만 기꺼이 추천사를 써주신 어머니께도 감사드립니다. 자신들의 이야기가 담긴 책이라 추천사를 꼭 받고 싶다는 부탁에 누구보다 기뻐하며 당장 그 날 저녁 제일 먼저 글을 보내준 둥지 출신 식구들에게도 고마움을 표합니다. 그리고 모두 나열할 수는 없지만 각자의 자리에서 청소년 사역의 현장을 지키며 고군분투하는 모든 동역자들에게 응원과 감사의 마음을 전합니다. 특히 한 명도 감당하기 힘든 아이들과 밤낮없이 수고하시는 전국의 모든 청소년회복센터 운영자분들의 헌신에 감사드리며 이 책이 작은 위안이 되길 바랍니다. 그리고 복지사각지역의 위기 청소년들을 위해 함께 동역하는 사단법인 보물상자 날개장학회 양일상 회장님을 비롯한 모든 이사님들과 후원자들께 감사를 드립니다. 긴 세월 묵묵히 자리를 지키며 동역하는 원지영, 정현순 간사에게도 감사를 드립니다. 무엇보다 둥지센터의 시작이나 운영 이 모든 일은 이 글에 별님으로 등장하는 제 아내가 없었다면 불가능했을 것입니다. 때론 둥지의 엄마, 상담가, 운전사, 식사준비 요리사로 쉼 없이 함께 해준 제 사랑하는 아내 김은미에게도 특별한 감사를 표합니다. 또한 필요한 아이들에게 가정을 만들어 주고 부모가 되어주면서도 정작 제 아이들에게는 좋은 아빠가 되어주지 못했지만 잘 자라준 채린, 채환, 채민 그리고 가슴으로 낳은 딸 채은이에게 미안한 마음과 고마운 마음을 전합니다.

저와 함께 아이들의 가족이 되어주시길 기대합니다. 어떤 분들은 이런 마음 아픈 이야기들은 안 읽고 안 보는 것이 마음 편하다고도 합니다. 하지만 외면한다고 사라지는 아픈 현실이 아니기에 직면하여 그들의 아픔을 보고 할 수 있는 작은 실천이 있으면 좋겠습니다. 저는 둥지의 따따이-아빠로서 아이들을 계속 사랑하며 품어가기 위해 노력하겠습니다. 마음껏 꿈을 펼치고 날아올라야 할 아이들이 가정 형편과 여러 가지 상황 때문에 날개를 접고 있거나 날개를 다쳐 혼자 힘들어 하는 아이들이 있다면 그 날개에 다시 힘을 실어주고 싶은 마음입니다. 더불어 이제는 날기를 시도할 생각조차 못하도록 둥지를 잃어 방황하는 아이들을 따뜻하게 품을 수 있는 둥지를 제공하고 날개의 힘을 키워주고 싶습니다. 아이들에게 가정을 제공하고 품을 수 있는 둥지가 되고 큰 꿈을 가지고 비상할 수 있도록 더 많은 아이들에게 날개를 달아주고 싶습니다. 둥지를 제공하고 싶습니다. 함께 비행(非行)청소년의 아름다운 비행(飛行)을 응원해 주시길 부탁드립니다. 또한 이 글을 읽으시는 분들이 주변의 마음에 힘들고 방황하는 아이들을 이해하고 품어 저와 함께 이 아이들의 큰 아버지, 삼촌, 고모, 이모가 되어 주십시오. 이 사회가 학교가 모든 아파하는 아이들을 품고 사랑하는 한 가족이 되길 기도합니다.

2021년 12월

둥지 따따이 **임윤택**

Episode 1

둥지에
둥지를 틀다

> "판사님!
> 저 이제 정말
> 잘 할 수 있어요.
> 소년원에 가기 싫어요"

법정에서 만난 기회

"아버지 사랑합니다! 아버지 사랑합니다!"

"더 큰 소리로 똑바로 해야지. 다시 열 번 큰 소리로 해봐"

판사님의 호통에 그나마 소리 내어 울음을 삼키며 힘들게 아버지에게 사랑한다고 말하고 있던 수아는 온 몸을 부르르 떨며 다시 힘겹게 목소리를 내뱉었다.

"아버지 사랑합니다! 아버지 사랑합니다!"

"더 크게"

아직도 마음에 들지 않는지 판사님은 수아에게 더한 요구를 했다.

"아버지 사랑합니다"

아버지를 향한 수아의 고백이 반복될수록 목소리는 높아지고 결국은 참았던 울음을 터트렸다. "아빠 사랑해요. 죄송합니다"

수아는 여기가 자신이 재판을 받는 법정이라는 사실도 잊은 채 아버지를 향해 울부짖었다. 이를 지켜보던 무뚝뚝한 아버지마저도 눈물을 흘렸다.

"미안하다. 수아야" "수아야… 미안해 정말 미안해"

수아의 부모님은 고등학교를 졸업한 후 이른 나이에 결혼했으나 어린 나이 때문인지 사소한 다툼들이 끊이지 않다가 수아가 5살 때 결국 이혼이라는 극단적인 선택을 하게 되었다. 이번에 수아가 비행을 저질러서 경찰조사를 받고 결국 법원에서 재판까지 받게 되자, 남자인 아빠 혼자서 사춘기의 딸을 키우기가 만만찮아서 다시 수아의 엄마와 재결합할 것을 혼자 생각해봤으나 수아의 생각이 어떤지 몰라 망설이고만 있는 상황이었다.

"아버님, 이 아이를 어떻게 하면 좋겠습니까?"

판사님은 아직도 어깨를 들썩이며 흐느끼고 있는 수아의 아빠에게 물었다.

"판사님, 한 번만 더 기회를 주시면 다시는 이런 일을 하지 않도록 잘 지도하겠습니다"

"죄송합니다. 판사님. 앞으로 다시는 이런 일을 하지 않겠습니다. 가출해서 돈이 필요해서 번개장터에서 패딩을 팔려고 했는데⋯ 돈을 받고 처음에는 패딩을 보내주려고 했는데 점점 시간도 지나고 돈도 다 써버려서 그랬습니다. 죄송합니다" 수아도 판사님을 향해 선처를 부탁하는 간절한 목소리로 애원했다.

"수아야! 인터넷 사기는 그렇다 치더라도 조건만남까지 한 것은 어쩔래. 아무리 돈이 필요해도 그렇지 성매매를 하면 어떡하나? 아빠가 너 하나 바라보고 곱게 키워왔는데 저렇게 속상해하는 모습이 안 보이냐?" 판사님의 말에 수아는 아무런 말도 할 수 없었다. 수아의 아빠도 고개만 푹 숙이고 울음을 삼키며 흐느끼고 있었다.

수아는 중학교 1학년 말부터 비행성 있는 친구들과 어울리며 학교를 가지 않고 노래방, PC방 등에서 시간을 보냈다. 아빠가 친구들과 어울려 늦게 집에 오는 것에 잔소리하며 야단치자 다시 집을 나가 무단외박을 했다. 그러다가 친구 소연이가 가출하여 연락을 하자 함께 가출을 해 시간을 보냈다. 처음 며칠 동안은 마음껏 하고 싶은 대로 하면서 재미있었지만 시간이 지나면서 점점 불안한 마음이 생겼다. 하지만 다시 집에 들어가면 아빠에게 혼날 것 같아 계속 소연이와 함께 지냈다. 소연이는 어디서 돈이 생기는지 수아에게 맛있는 것도 사주고 화장품도 곧잘 사주었다. 그런 모습이 멋있어 보여 수아는 계속 소연이와 함께 어울렸었다. 그러던 어느 날, 소연이는 수아에게 "너도 이젠 일 해야지. 언제까지 얻어먹고만 있을거야"라며 성매매를 권했다. 처음엔 수아도 무서워서 싫다고 했지만 계속되는 소연이의 협박에 가까운 권유를 뿌리치지 못했다. "그럼 딱 한 번만 할게"라고 허락한 것이 지난 3개월 동안 계속 끌려다니면서 성매매를 해야 했다. 어떤 날은 연락을 끊고 숨었는데 연락이 와서 "안 때리고 안 괴롭히겠다"고 약속을 했다. 그래서 다시 만났는데 만나자마자 소연이는 수아에게 다짜고짜 폭행을 가했다. 치아 교정 중인 수아는 심하게 맞아 입 주변에서 피가 흘러나왔지만 차마 신고할 엄두를 내지 못했다. "맞았다고 신고하려면 해라. 나도 너를 성매매 했다고 신고할테니깐 알아서 해라. 앞으로 부르면 바로 달려와라"면서 오히려 협박을 당했다. 실종 신고가 된 수아를 찾던 경찰에게 발견되어 결국 재판을 받게 된 것이다.

"판사님! 저 이제 정말 잘 할 수 있어요. 소년원에 가기 싫어요"라면서 수아는 눈물을 흘렸다. 수아의 아빠도 "판사님! 이번 한 번만 선처를 해주세요"라며 부탁을 했다.
 그 모습을 지켜보던 판사님은 "수아야! 그럼 아버지에게 너의 진심을 담아서 사랑한다고 10번 외쳐보거라"고 주문했다. 이에 수아는 뒷

자리에서 고개를 떨구고 흐느끼는 아버지 옆에 무릎을 꿇고 앉아서 "아버지, 사랑합니다"라고 처음으로 목소리를 내어 말하고 있었다. 한 번 두 번 횟수가 더해가며 북받쳐오는 감정을 주체하지 못하고 울음을 터뜨려 버린 것이다. 그래도 마지막 열 번째까지 아버지를 향한 고백을 들은 판사님이 무겁게 입을 열었다.

"이제 성수아의 처분을 하겠습니다. 지금까지의 비행 전력, 이번 사건의 내용, 가정환경 등을 고려해서 다음과 같이 수아에게 처분합니다"

법정에는 짧은 적막이 흘렀다. 수아에게 길게만 느껴지는 짧은 침묵이 흐른 후, "성수아는 비행 사실이나 내용을 보면 소년원에 보내도 할 말이 없을 정도로 심각하지만 진심으로 반성하고 있는 태도를 보고 새로운 기회를 주겠습니다. 소년원이나 시설로 보내는 대신 법원에서 위탁하고 있는 그룹홈인 청소년회복센터 처분을 하도록 하겠습니다. 1호 처분으로 사법형 그룹홈인 둥지청소년회복센터에서 6개월 동안 생활하면서 검정고시로 중학교 졸업도 하고 아버지와의 관계 회복도 해서 가정으로 돌아갈 수 있도록 합니다. 그리고 2호 처분으로 40시간 수강명령과 1년 간 보호관찰하는 4호 처분을 합니다"는 처분이 내려졌다.

"수아야! 다시 이 곳에 오지 않도록 잘 생활해야 한다. 그리고 수아 아버지! 그곳에서 센터장 부부가 부모 역할을 대신하면서 먹이고 재우고 도와줄테니깐 안심하시고 아이 맡기시면 됩니다"

판사님은 조금 전 호통치던 무서운 모습은 온데간데 없이 따뜻한 목소리로 말했다.

"예. 감사합니다. 판사님. 잘 생활하겠습니다"

인사를 마치고 수아와 아버지는 손을 꼭 잡고 법정을 나왔다. 법정 밖 복도로 나오자마자 수아는 긴장이 풀려서인지 바닥에 풀썩 주저앉아버렸다. 자칫 소년원에 갈수도 있겠다 싶어 잔뜩 긴장했던 터라 누가 쳐다보든말든 이렇게 나올 수 있다는 것만으로도 다행스러웠다.

"성수아! 이쪽으로 아버지와 함께 오세요" 180센티는 넘을 것 같은 큰 키의 경위가 수아를 불렀다. "아까 판사님이 처분하신 내용 기억하시죠? 둥지청소년회복센터에서 6개월간 생활하는 것과 수강명령, 단기보호관찰 1년입니다. 여기에 서명하시고 옆 방으로 가서 보호관찰 신고하고 있으면 둥지센터장님이 수아를 데리러 올 겁니다"

"그럼 오늘부터 바로 거기서 생활하는 건가요?"

수아의 아빠가 물었다.

"예. 자세한 내용은 둥지센터장님이 안내할 겁니다. 아, 마침 저기 오시네요"

수아는 경위가 가리키는 반대 편 복도로 고개를 돌렸다. 멀리서 봐도 얼굴 피부색이 까맣고 배가 조금 나온 아저씨 한 명이 다가오고 있었다. 점점 가까이 다가온 그 아저씨는 수아 아빠에게 가볍게 인사를 하고는 수아에게 물었다.

"안녕. 난 둥지센터장이야. 넌 이름이 뭐지?"

"전 수아예요. 성수아"

"그래? 이름이 예쁘네. 잘 지내보자"

"수아 아버지, 여기는 소년원 같이 갇혀 있는 곳이 아니고 그냥 집이라고 생각하시면 됩니다. 어느 정도 지켜야 할 규칙은 있지만 여기서 같이 밥 먹고 함께 생활하며 가족처럼 지내는 곳입니다. 너무 걱정하지 마세요"

"예, 그럼 여기서도 학교는 다닐 수 있습니까?"

"그럼요. 당연히 학교를 다니도록 돕는 곳입니다. 학교 안 다니는 애들은 검정고시 공부나 학원, 아르바이트도 하면서 지냅니다"

"수아가 학교는 다니고 있나요? (수아에게) 어느 학교니?"

"저는 중학교 유예됐어요"

"그래? 그럼 검정고시 준비하면서 고등학교 준비하면 되겠네"

"면회도 되나요?" 여전히 염려 가득한 수아 아버지는 딸을 만나지 못할까봐 걱정스런 질문을 했다.

"당연하죠. 부모님께서는 언제든지 편하신 시간에 미리 연락만 주시면 면회가 됩니다"

"예, 정말 감사합니다. 우리 수아 잘 부탁합니다"

"수아야, 여기서 잘 지내고 아버지께 돌아가도록 하자. 알겠지? 약속!"

센터장이 내미는 새끼 손가락에 수아도 함께 걸며 살짝 웃었다. 이제야 마음이 한결 가벼워지는 듯한 느낌이 들었다.

"수아야, 이제 아버지께 인사하고 가자"는 센터장의 말에 수아는 기대 반 걱정 반의 걸음을 내디뎠다. 둥지센터 차를 타고 창밖으로 보는 풍경은 지난 몇 주 동안 분류심사원에 지내면서 창살 밖으로만 보던 세상과 달랐다. 5주 전 1월 임시 위탁으로 소년원에 갈 때는 아직 찬 바람이 부는 겨울이었는데 이제 봄이 오는 듯 따뜻한 햇살에 눈이 부셨다. 갇혀 있던 답답한 건물 안이 아니라서인지 공기마저도 신선하게 느껴졌다.

'당장은 집에 못 가서 아쉽지만 소년원에 가지 않은 건 정말 다행이야'

안도의 한숨을 쉬며 잠시 숨을 고르던 수아는 긴장이 풀려서인지 눈부신 햇살에 잠시 눈을 감았다가 이내 잠이 들었다.

둥지에 둥지를 틀다

———

"자, 이제 다 왔다. 내리자"

깜빡 잠들었던 수아는 센터장의 소리에 잠을 깼다. 눈을 뜨니 찻길 양쪽으로 벚나무가 줄 지어있고 바람에 새하얀 벚꽃잎이 흩날리고 있었다. 마치 수아를 두 팔 벌려 환영하는 듯한 느낌을 받을 정도로 환상적이었다. 차에서 내려 건물 사이 계단을 오르자 빨간 벽돌의 2층집이 보였다. 법원에서 판사님이 일반적인 가정집이라고 말을 할 때, 속으로 '설마?'라는 생각을 했는데 도착해보니 정말 아담한 가정집이었다.

"그냥 집이네요" 처음 내뱉는 수아의 말에 "그래, 그냥 집이야"라며 센터장은 웃으며 답했다.

현관문을 열고 들어서며 "애들아, 다 모여라. 오늘부터 함께 지낼 친구왔다"는 말에 이 방 저 방에서 여자 아이들이 뛰쳐나오며 "야, 신입 왔단다. 빨리 나와"라며 모여든다. 순식간에 거실에는 8명의 여자 아이들이 호기심 가득한 얼굴로 수아를 바라보며 둘러앉았다.

"자, 오늘부터 함께 지낼 수아부터 소개할래?" 센터장의 말에 "어떻게 소개하면 되요?"라며 수아는 조심스레 물었다. "자기 이름과 나이 정도만 간단하게 말하면 돼. 자세한 것은 서로 지내면서 더 알아가도 되니깐"

"전 성수아입니다. 나이는 17살이구요"라고 간단히 말했다.

"그래, 그럼 우리는 먼저 들어온 순서대로 소개할까? 아니면 언니부터 동생부터 소개할까?"라는 센터장의 말에 "그냥 앉은대로 해요"라며 누군가가 귀찮다는 듯 강한 어투로 말했다.

"그래. 그럼 너부터 해"

"왜 내가 먼저 해? 언니부터 해요"

"난 싫어. 너부터 해"

아무래도 소개하는 것부터 쉽지 않아 보인다.

이때 센터장이 "오늘은 막내부터 하자"라는 말로 일단락 정리가 되었다.

"전 오주희예요. 14살이구요"라며 딱 봐도 앳되어 보이는 귀여운 여자 아이가 인사하면서 수아를 향해 살짝 웃어 보였다. 웃는 얼굴에 보조개가 깊게 파인 귀염둥이처럼 보였다.

"저는 아영입니다. 15살 고아영" 무뚝뚝한 숏커트 머리의 보이시한 아이가 허스키한 목소리로 인사를 했다. 수아는 속으로 눈도 마주 치지 않고 인사하는 그 아이가 어색했다. 하지만 어색할 틈도 없이 "저는 15살 안정아입니다. 잘 부탁합니다"

"16살 진정은입니다. 환영합니다" "난 17살 동갑 나이인 해리라고 해. 이해리. 잘 해보자" "17살 박초희. 이제 여기온 지 2주 됐지. 전에 위탁에서 봤지?"라며 연이어 인사를 했다.

"야, 이제 2주 밖에 안 된 것이… 난 강인혜야. 18살"이라고 다음에 누군가가 인사를 하자 수아는 그에게 눈을 돌렸다. '강인혜? 혹시 얼마 전 부산에서 있었던 폭행 사건의 주인공? 가해자 이름이 강인혜라고 해서 친구와 강인혜가 강인해라며 웃었는데… 흔히 말하는 부산짱을 여기서 만나다니…' 수아는 짧은 시간 동안 많은 생각이 오고갔다.

이에 파란 눈을 가진 금발 머리가 자기를 소개했다. "난 양다정이야. 18살이고" 한 눈에 봐도 외국인 같아 보이는데 목소리만 들으면 한국인 같은 너무 매력적인 언니가 수아에게 인사를 했다.

"너 무슨 처분 받았니?"

"난 1,2,3,4호"

"단기풀셋이네. 나는 장기풀셋인데…"

"그게 뭐야?"

"단기보호관찰 4호에 1,2,3호까지. 단기풀셋"

"수아야. 이제 인사를 나누었으니 금방 친해질거야. 우리 같이 짧은 시를 읽어보자"라고 말을 하자 거실에 모인 8명의 아이들은 책꽂이에서 자신의 일기장을 빼어들고 제일 첫 페이지를 열었다. "자, 이건 수아의 일기장"이라며 건네 주는 책을 받아든 수아도 첫 페이지를 열었다. "자! 함께 천천히 읽어 보자"라는 말에 둥지센터의 8명과 오늘 신입생 수아가 한 목소리로 천천히 읽었다.

방 문 객

사람이 온다는 건
사실은 어마어마한 일이다

그는
그의 과거와

현재와

그리고

그의 미래와 함께 오기 때문이다.

한 사람의 일생이 오기 때문이다.

부서지기 쉬운

그래서 부서지기도 했을

마음이 오는 것이다.

그 갈피를

아마 바람은 더듬어 볼 수 있을 마음.

내 마음이 그런 바람을 흉내낼 수 있다면

필경 환대가 될 것이다.

센터장은 아이들이 다 같이 시를 읽고 나자 이렇게 말했다.

"얘들아. 사람이 온다는 것은 어마어마한 일이래. 과거와 현재 미래와 함께 오기 때문이래. 너희들의 과거는 다른 사람들이 손가락질하는 비행이나 범죄를 저지르기도 했어. 사랑하는 부모님이나 가족들에게 실망을 끼치기도 했고…"

순간 수아는 아빠에게 죄송한 마음과 보고 싶은 마음에 울컥했다. 혹시나 누가 볼까봐 아무렇지도 않은 척하며 센터장의 말에 다시 귀를 기울였다.

"나는 너희들이 무슨 비행으로 이곳에 왔는지 다 몰라. 아니 자세히 알고 싶지 않아. 대부분은 재판을 받고 집에 가는데 너희들은 여기와 있으니 불편하고 힘들 수도 있을 거야. 가끔 어떤 아이는 소년원 대신 이곳에 오게 되어 다행이라고 생각할 수도 있을거고. 아무튼 처음부터 여기 오고 싶어 오는 사람은 없을거야"

"맞아요. 그러니깐 오늘 집에 보내주세요" 주희가 눈치 없이 끼어들어 얘기했다. 순간 분위기가 이상해졌지만 늘 있는 일인 것처럼 센터장은 별 동요 없이 말을 이어갔다.

"그래, 그러니깐 여기 처분 6개월 잘 마치고 집으로 돌아가야 해. 난 너희들의 어떤 과거 때문에 현재 여기 있는지보다도 현재 여기서 지내면서 달라질 미래가 더 기대돼. 그러니깐 지난 시간들로 후회만 하기보다 오늘부터 조금씩 더 나아지도록 하자. 알겠지? 그러도록 나도 너희들 잘 도울테니깐. 오늘 새로 온 수아도 둥지 식구로 잘 적응하도록 챙겨주고. 알겠지?"

어느새 취침 시간이 되어 깔깔대며 수다를 떨던 아이들도 모두 잠자리를 깔고 누웠다. 저 너머 누구인지는 모르지만 금방 잠이 들었는지 조용히 코고는 소리가 났다. '눕자마자 1분도 안되어 저렇게 잠들 수 있다니' 수아는 너무 신기하고 놀라워 웃음이 났다. "흡" 큰 소리로 웃음이 빵 터질 뻔하는 것을 급히 입을 막았다. 어디선가 위탁되어 있었던 분류심사원의 야간 당직자가 주의를 주면서 나타날 것 같은 불안감이 생겼기 때문이다. '아 맞아. 여긴 둥지센터지' 더 이상 갇혀 있지 않아도 되는 안도감은 있지만, 만만치 않아 보이는 이 아이들과 6개월을 함께 살아야 하는 불안함도 밀려왔다. 왠지 어색해서 잠이 오지 않는 듯 뒤척이다가 아까 센터장이 소개한 시가 생각이 났다.

방문객. 시의 모든 구절은 모르겠지만 아까 센터장이 한 사람이 온다는 것은 엄청난 것이라고 강조했는데, 수아는 스스로 대단한 존재라 느끼지 못했기에 자신이 여기 온 것이 그렇게 엄청나게 느껴지지는 않았다.
'그렇지만 과거와 현재 미래가 함께 온다구'
수아는 조용히 자신의 지난 시간을 돌아보았다. 어릴 때는 특별한 것이 생각나지 않았다. 아기 때 사진 몇 장 외에는 남들처럼 제대로 된 가족사진 한 장 본 적도 없다. 중학교 때 아이들과 밤새 거리를 어울려 돌아다녔던 일, 지금 생각하면 재미는 있었지만 왜 그랬을까 후회하는 마음도 든다. 얼마 전까지 만해도 이 시간이면 소연이가 폰을 만지작거리며 앙톡이라는 어플로 누군가와 채팅을 한 후 자신에게 일러주는 대로 가면 어김없이 남자들이 나타났다. 그리고 모텔이나 차로 같이 가서 성관계를 해야 했다. 어떤 남자들은 아버지 같은 나이, 어떤 남자들은 정말 사귀어보고 싶은 대학생 오빠 등등. 수아에게는 밤마다 5번의 성매매를 해야 한다고 소연이가 알려줬다. 그래야 먹이고 재워주고 화장품도 사 줄 수 있다고. 또 누가 괴롭히려고 하면 보호해줄테니 시키는대로 하라고 했다. 나중에는 더 이상 이런 것 하기 싫다는 수아에게 성매매하고 다닌 것 경찰에 신고해 처벌받게 할 테니 알아서 해라며 협박을 하고 때리기도 했다. 그러다 화장품도 사 주고 더 잘 챙겨주는 척하면서 성매매를 시켜왔었다.

'얼마 만에 이렇게 마음 편하게 누워보나!'

수아는 지난 3개월의 가출 기간 동안 제대로 자본 날이 없었다. 그리고 위탁된 5주간도 재판의 처분이 두렵고 엄한 분위기 때문에 깊은 잠을 자기는 힘들었다.

'그래. 아까 센터장님 말처럼 지금 오지 않은 미래와 함께 내가 지금 이 곳에 있어. 앞으로 더 이상 아빠를 실망시키진 말자. 이젠 정말 평범하고 행복하게 살고 싶다!'

정신없던 하루가 지나간다. 오늘 오후 내내 법정 대기실 철창 안에서 손에 수갑을 찬 채 자신의 재판 순서를 기다리며 불안했었다. 어떤 남자 아이는 10호 소년원 처분을 받고 고함을 지르며 반항하기도 했고, 어떤 여자 아이는 9호 소년원 처분을 받고 계속 눈물을 흘리며 울기만 하는 모습을 보았다. 꽤 오랜 시간 기다리며 재판을 받느라 계속 긴장하고 있던 마음이 풀려서인지 수아도 이내 잠이 들었다. 어느덧 둥지에서의 첫 날 밤이 깊어간다.

넘버 원, 따따이

"아빠!" 전화기 너머로 카랑카랑한 목소리가 퍼진다.

"그래. 잘 지내냐? 딸!"

"누구예요?" 전화 끝나기가 무섭게 주희가 물었다.

"작년에 둥지에 있다가 퇴소한 승희야"

"근데 왜 아빠라고 불러요?"

"글쎄… 그냥 아빠라고 불렀었던 것 같은데"

"전 뭐라고 부를까요?"라는 초희의 물음에 "그냥 니가 편한대로 불러도 돼"라며 센터장은 자리를 떠났다.

"야! 너희들은 센터장님을 뭐라 부르냐?"

"난 그냥 센터장님이라고 부르는데"

"난 쌤이라고 부르는게 편해"

"난 다른 사람들이 목사님이라고 부르길래 나도 목사님이라고 하는데…"

"난 전에 있던 아이들이 아빠라고 해서 처음엔 어색했는데 지금은 그냥 나도 아빠라고 불러"

"그럼 우리가 지금 한 사람에게 센터장, 선생님, 목사님, 아빠, 뭐 이렇게 다 다르게 부르고 있었던 거야?"

"그게 뭐 중요하니? 그냥 편한 대로 부르면 되지"

"그래도 뭔가 통일해서 부르면 더 좋지 않을까?"

"그럼 저녁에 청소하고 우리 투표해보자. 그래서 가장 많이 나온 의견대로 통일해서 부르면 어때?"

"그래. 좋아" 아이들은 재미있다는 표정으로 한결같이 응했다.

"주희야. 넌 뭘로 할꺼야?"

"뭘?"

"저녁에 센터장을 뭐라고 부를지 투표하기로 했잖아. 넌 어떻게 할꺼냐구. 애가 맨날 말을 바로 못 알아듣냐?"

짜증 섞인 아영이의 말에 주희는 기분이 살짝 나빴지만 아무렇지도 않은 듯 대답했다.

"난 아빠라고 할건데. 넌?"

"아! 그건 좀 아닌 것 같애. 우리가 여기 잠시 6개월 지내는 동안 볼 사이인데 아빠는 좀 오버지 않냐? 난 그냥 센터장이나 선생님이 편할 것 같은데"

"근데, 언니. 센터장님 막내 채은이 입양한 딸이라는 것 들었어?"

"뭐? 레알? 진심이냐?"

"그래, 나도 전에 있던 언니에게 들었는데 한달 반 아기일 때 입양했대. 신기하지?"

"어쩐지…"

"어쩐지는 뭐야?"

"아니. 하나도 안 닮았잖아. 눈도 좀 작고. 그러고 보니 진짜 안 닮았네"

"내가 보기엔 많이 닮았던데. 뭘"

"야! 진짜 입양한 거면 애가 세 명일 때 한 명 더 입양해서 네 명이 된 거란 말이야. 진짜 이해 안 된다"

"그러게. 지금 큰 언니가 24살이고, 채은이가 초등학교 4학년 11살이니깐… 도대체 큰 언니가 몇 살 때 입양한 거지?"

"넌 수학 아니 진짜 간단한 산수도 안되냐? 한 달 반 아기 때면 10년 전이니깐 큰 언니가 14살 중학교 1학년 때네"

"그럼 둘째 아들이 초등학교 5학년, 셋째 아들이 1학년 때네"

"이제 좀 머리가 돌아가네. 근데 아들 딸이 다 있는데 왜 입양을 했다냐? 나 같으면 안 하겠다"

"글쎄, 그건 나중에 직접 물어봐"

"근데, 센터장이 입양한 것과 오늘 투표와 뭔 상관이래?"

"전에 센터장님이 막내는 평생 딸로 입양을 해서 가족이 된 거고, 둥지 아이들은 법원에서 보낸 6개월 동안 단기 딸로 입양한 거라고 했대. 그래서 아빠와 딸이 되어 가족처럼 지내는거지. 그래서 난 아빠로 투표하는 게 좋을 것 같아서. 어차피 가족처럼 지내는데 아빠라 부르는게 좋을 것 같아"

"넌 참 속도 좋다. 야! 재판 받아서 여기 억지로 지내고 있는데 뭐가 좋아서 그런 말이 나오냐? 가족? 아빠? 다 쓸데없어. 여기 6개월 잘 채우고 나가면 땡이지. 안 그래?"

"그래도 피 한 방울도 안 섞였는데 가족이 되는 것처럼 우리도 같이 살면서 같이 밥 먹으면 식구고 가족이지 뭐 별거야?"

아영이는 주희에게 큰 소리는 쳤지만 혼자 자신의 사물함을 정리하며 생각에 잠겼다.

'아빠?' '식구?' '가족' 평소 생각해보지 못한 단어들이 머릿속에 복잡하게 엉겨 붙는 것 같았다.

　사실 아영이는 고아원에서 성장했다. 아영이가 전해들은 엄마의 애기는 고등학생이란 어린 나이에 남자친구와 사귀다가 몇 번의 성관계를 하게 되었고 덜컥 자신을 임신하게 되었다는 것이다. 엄마는 아무에게도 이 사실을 알리지 못했고 배가 불러오자 겁이 나서 가출했지만 갈 데도 없었고 아기를 낳아야겠다는 마음으로 미혼모 시설에서 생활하다 아영이를 낳았다. 남자 친구에게 임신 사실을 알리고 아기를 낳아서 기르자고 했지만 남자 친구는 자기의 아이가 아니라며 점점 만나는 것을 꺼리며 멀리하다가 결국 헤어지게 되었다. 미혼모 시설에서 아기를 낳고 어떻게든 키워보고 싶었지만 18살 여고생이 할 수 있는 것은 없었다. 결국 몇 개월 만에 집에 연락을 했는데 걱정하시던 부모님이 "모든 것을 용서할테니 집으로 돌아와라. 단 아기는 받을 수가 없다"라는 답을 해서 어쩔 수 없이 친권포기각서를 쓰고 집으로 돌아갔고, 아기였던 아영이는 고아원에 맡겨지게 된 것이다. 이런 내용을 미혼모 시설 선생님께 전해는 들었지만 후에 한 번도 본 적이 없는 엄마. 자신의 존재를 부정했던 아빠. 책임도 못질 거면서 임신은 왜 하고… 키우지 못할 거면 낙태를 하지 왜 낳아서 자신을 이렇게 힘든 인생이 되게 했냐고 지난 시간 속에 수 없는 원망을 했었다. 아주 오랫동안 아영이에게 엄마 아빠의 존재는 그리움이 아니라 미움과 원망의 대상이었다. 그래서인지 센터장을 아빠라고 부르는 것이 받아들여지지 않았던 것이다.

    저녁을 먹고 TV를 보다가 모여 앉아서 투표를 하였다. 드디어 개표 시간.

    "아빠 1표" "아빠 2표" "아빠 3표" 아이들의 표정이 점점 변해갔다. 다들 아빠에 대한 그리움 때문인지 서로 얘기하던 것과는 달리 한결같이 "아빠"라고 투표했기 때문이다.

    "아빠 4표" "센터장님 1표" "아빠 5표"

    "뭐 더 볼 필요도 없네"

    "그래도 끝까지 해보자"

    "선생님 1표" "아빠 6표" "센터장님 2표" "아빠 7표"

    "결과는 선생님 1표, 센터장님 2표, 아빠 7표"

    "그럼 이제부터 센터장님을 아빠라고 불러야 하는 거야. 너무 이상해. 오글거리지 않나?"

    "처음이 이상하고 힘들지 부르다보면 익숙해 질거야"

    마침 센터장이 청소 검사와 모임을 갖기 위해 들어왔다.

    "센터장님! 우리가 투표를 했어요"

    "무슨 투표?"

    "센터장님을 뭐라고 부를지를 정하는 투표요?"

"그래서 만장일치로 아빠라고 부르기로 했어요"
"만장일치? 그건 못 믿겠는걸"

그 때 센터장의 전화가 울렸다. 페이스북으로 영상통화가 온 것이다. 연결해보니 여자 아이들의 큰 소리가 들려왔다. 영상 속 6명의 까무잡잡한 여자 아이들이 하얀 이를 환하게 들어내며 손을 흔들고 반가움의 환호를 비명에 가깝게 질러댔다. "Hi!!!!" "Magandang hapon~~~" "Tatay! We miss you"라며 화면 가득 필리핀 여자 아이들의 웃음띤 얼굴이 가득하다. 센터장도 이들에게 웃어 보이며 손을 흔들었다. 늘 무뚝뚝하고 잘 표현하지 않고 묻는 말에도 "뭐 임마. 몰라 임마"라며 짧게 답하던 모습에 익숙한 아이들은 이런 센터장의 모습이 신기한듯 전화기의 영상과 센터장의 모습을 번갈아가며 쳐다보았다. 센터장은 전화기로 둥지 아이들을 보여주며 인사를 시켰고, 영어와 타갈로그어를 섞어가며 알 수 없는 요란한 대화들이 오고간 후 통화를 끝냈다.

"쟤들 누구예요?" 말 빠른 주희가 먼저 물었다.
"쟤들? 아까 그 아이들은 내 딸들이지. 필리핀 딸"
"아니. 농담말구요. 진짜루요?"
"그래. 맞아. 내 딸들. 필리핀에도 둥지가 있는데 둥지를 영어로 뭐라고 하는지 아는 사람?" 아이들이 서로 눈치만 보고 있는데 초희가 "Bird house"라고 말했다. 초희는 요즘 영어에 조금 관심을 갖기 시작했다. 초등학교 이후에 공부를 한 적이 없는 초희는 중학교 1학년 유예로 기초 영어 단어도 몰라 하루에 3개의 단어를 외우고 있는 중이다.

"그래. 새집이라고 할 수도 있겠지만 둥지는 NEST라는 단어를 쓴단다. 한국에는 둥지, 필리핀에는 NEST가 있어"

"그럼 거기 애들도 우리처럼 재판 받아서 온 거예요?"

"아니. 재판받은 것은 아니야. 쓰레기 마을이나 빈민촌에서 어렵게 생활하면서 마약, 매춘, 범죄에 빠지기 쉬운 환경에 있는 아이들을 추천받아서 함께 생활하는 거야"

"그런데 아까 센터장님을 Tatay라고 부르던데 무슨 뜻이예요?"

"Tatay는 타갈로그어로 아빠라는 뜻이야"

"그럼 우리도 아빠라고 부르기로 했으니 딱 맞네요"

센터장은 아빠라고 부르기로 했다는 아이들의 결정이 내심 너무 기뻤고 반가웠지만 왠지 모를 미안함 그리고 부담감에 아이들에게 색다른 제안을 했다.

"얘들아. 고맙긴 한데 서로 어색할 수도 있으니깐 내가 하나 제안할게. 타갈로그어 따따이(Tatay)가 아빠라는 말이니깐 우리끼리 그렇게 부르면 어떨까?"

"따따이요? 그럼 엄마는요?"

"엄마는 나나이라고 하지"

"따따이. 나나이"

"따따이는 괜찮은 것 같은데 나나이는 좀 이상하다"

"따따이. 대따이. 댑따 이상한데…" 아이들은 재미있고 신기한 듯 크게 웃으며 계속 따따이를 말했다.

아영이는 자리에 누웠지만 쉽게 잠이 들지 않았다.

'따따이… 따따이…'

아빠 없이 자란 아영이는 왠지 모를 서글픔이 몰려왔고 눈가에는 소리 없이 눈물이 흘러 내렸다.

초희가 장난삼아 센터장에게 밤인사를 했다.

"굿나잇! 따따이"

레알?

"우리 연극 보러 가자"

"정말요?"

"연극 제목이 뭐예요?"

"뭐 보러 가요?"

"야~~ 신난다"

"연극제목은 라이어야"

"라이어가 뭐예요?"

"라이어. 난 알지. 너는 모르냐?"

"난 거짓말 하지 않아"

"모르잖아"

"안다. 내 라이어가 뭔지 알거든"

"라이어가 뭔데?"

"라이어는 어… 그거 있잖아. 그거 사자하고 호랑이하고 그거그거 해가지고… 맞지요?"

"거짓말쟁이! 모르면서"

"안다니까. 라이어! 거짓말쟁이 아냐. 나 진짜 답답하네. 라이어 알지"

"거짓말! 모르면서…"

"따따이! 진짜 라이어 그거 맞잖아요? 사자하고 호랑이하고"

"아니. 그건 라이거. 사자 라이온과 호랑이 타이거 사이에 태어난 아기를 라이거라고 하는거고. 오늘 연극 제목 라이어는 거짓말쟁이라는 뜻이야. 라이가 거짓말. 라이어는 거짓말하는 사람이지. 사소한 거짓말을 하기 시작한 게 계속 거짓말이 거짓말을 낳아서 얽히고 얽힌 사람을 다룬 재미있는 연극이야"

"아~~ 그럼 그 연극 보러 갈 필요 없어요"

"왜?"

"여기 전부 라이어들 뿐이예요. 뻥쟁이들"

얼마 전 따따이가 아이들을 불러모았다. 담배를 참지 못해 안달이 난 아이들에게 약간의 자율권(?)을 주었더니 완전히 얼굴에 대놓고 피듯이 무질서한 상황이 되어버렸다.

"미국에서 개인이 총을 가지고 있는게 합법이니? 불법이니?"

"괜찮아요"

"불법이지"

"아니. 미국에서는 지역마다 다르긴 하지만 어떤 데는 총을 사는게 감기약 사는 것보다 쉽다는 말을 하기도 해. 어쨌든 총을 가질 수 있지만 허가를 받은 것은 합법, 몰래 가지고 있으면 불법이 되는 거지"

"지금 가지고 있는 담배 다 들고 나와서 신고하자. 그리고 받아서 해결해. 몰래 가지고 있으면 불법이 되니깐 당연히 압수 후 벌칙!!"

아이들은 각자 방에 들어가 사물함 깊숙이 숨겨둔 담배를 들고 나오기 시작했다.

"야! 너 진짜 다 낼거야"

"응. 내면 필요할 때 준다고 했잖아"

"만약에 안 주면 어떻게 해. 이게 어렵게 마련한 거의 새 건데"

"따따이가 말한 것은 지키잖아. 준다고 했으니 주겠지"

다정이가 담배를 들고 가며 말했다.

순간 미래는 갈등이 몰려왔다. '다 낼까? 말까?'

어제 언니의 신분증으로 어렵게 뚫고 한 갑을 새로 샀는데 그냥 내러니 너무 아까운 마음이 들었다. 순간적으로 절반 정도인 10개피를 옷 밑에 숨겨두고 나머지를 들고 나갔다. 따따이 옆에는 아이들이 들고 나온 갖가지 종류의 담배와 라이터들이 모여 있었다. 괜히 담배를 보기만 해도 군침이 돈다. 아이들이 자기 기호에 따라 다양한 담배를 피우기에 마치 뷔페 식당에 온 것처럼 국산담배와 수입담배가 종류별로 모여 있었다.

"이거 다 들고 나온 것 맞지?"

따따이의 말에 미래는 고개를 끄덕이며 대답했다.

"진짜 이게 다예요"

"그럼, 내가 사물함 확인해도 되겠네"

"이게 진짜 전부라니깐요"라며 오버하는 미래가 오히려 더 수상했다.

"좋아. 그럼 확인해서 안 나오면 인정, 나오면 이것도 압수와 함께 일주일간 금연! 됐지?"

"아… 잠깐만요"

미래는 다시 사물함으로 달려가서 내일 아침에 학교 갈 때 피울 3개피의 담배를 남겨두고 들고 나왔다. "자, 여기요. 이제 진짜예요. 다 들고 온거예요"

"아니. 좀 더 있는 것 같은데. 내가 볼 때 2~3개피는 더 있을 것 같애"

"아니라니깐요. 와 진짜 사람 못 믿네"

"마지막 기회를 줄게. 마저 가져와라"

아이들이 재미있다는 듯 두 사람을 번갈아가며 쳐다보았다.

미래는 고민 속에 약간의 시간이 흐른 후 사물함에서 나머지 3개피도 가져와서 따따이에게 내어놓았다.

"아~~~ 대신 내일 아침에 꼭 줘야해요"

미래는 가출해 남자 친구와 다른 친구들과 새벽까지 어울려 다니다가 돈이 필요해 아파트 주차장에 들어가서 차량 털이를 한 것으로 재판을 받았다. 범행을 인정한 다른 아이들과 달리 미래는 끝까지 자기는 함께 한 것이 아니라고 부인했다.

"아이들과 같이 다니기는 했는데 사고칠 때는 같이 안 있었어요"

한 쪽 구석에서 따라다닌 자기를 모를 거라는 생각에 끝까지 인정하지 않았다. 얼마의 시간이 지난 후 미래의 아버지가 경찰서에 도착을 하고 확보된 CCTV 영상자료도 확인했다. 아버지가 보기에도 차량을 터는 남자 아이들 뒤편에서 망을 보고 있는 것은 자신의 딸이 분명했다. 미래가 2살 때 이혼한 후 혼자서 딸을 키워온 아버지의 눈이 딸을 단숨에 못 알아볼 리없었다.

"미래야! 이거 이거 니 맞네. 티셔츠에 나이키 상표까지도 맞구만"

"아니다. 아니라고!!!!!!"

미래는 끝까지 아니라고 우겼으나 재판을 앞둔 며칠 전에야 사실대로 이야기하며 용서를 구했다. 무슨 이유인지는 알 수 없으나 거짓말이 습관이 되어버린 미래. "증거가 드러날 때까지 아니 증거가 나타나도 버틸 때까지 버텨보자"는 것이 미래의 습관이 되어 버렸다.

얼마 전 아침, 미래가 등교하면서 별님(따따이의 아내를 둥지 아이들은 별님이라 부른다)에게 용돈을 1만원 받았다.

"교카에 7천원 충전하고 나머지 3천원은 간식비로 사용해"

"예"

기분 좋게 대답을 하고 손에 돈을 쥐어든 후 마음이 바뀌었다.

'어차피 간식비를 뭘로 썼는지 모를 거니깐 담배나 사자. 근데 담배를 사면 교통카드 충전비가 모자라는데'

"에라이. 모르겠다" 아침부터 레종 블루 한갑을 손에 쥐어들고 너무 기뻤다.

"저기 편의점은 신분증 검사를 안하다는 주희 말이 맞았어"

별님에게 받은 1만원으로 5천원 교카 충전, 4천 5백원으로 담배를 사고 남은 5백원으로 산 사탕을 하나 입에 물고 기분좋게 학교에 갔다.

저녁에 교통카드 잔액을 확인 하던 별님에게 딱 걸렸다. 미래는 5천원만 충전하고, 만두가 너무 먹고 싶어서 사먹었다고 둘러댔다. 평소 미래의 거짓말하는 습관을 지켜보던 따따이는 오늘만은 가볍게 넘어가지 않았다.

"미래야! 가자"

"예? 어딜요?"

"만두가게. 니가 만두 사먹었다고 했으니깐 그 가게에 가서 확인을 하면 되잖아"

따따이와 걸어가며 만두가게가 가까워질수록 불안했지만 이미 엎지러진 물.

"여기 얘가 조금 전 만두 사먹은 게 맞나요?"라는 따따이의 질문에 만두가게 사장님은 옆에서 눈치를 보내는 미래의 시선에도 아랑곳하지 않고 "아니요"라고 서운하게 딱 잘라서 말했다.

"사실은… 만두가 아니라 떡을 사먹었는데요"

"어디서?" "지하철 역 입구에 있는"

미래는 다시 핑계를 댔다. 조금 멀어서 안 갈 거라 생각하고 둘러댄 거짓말에 따따이는 오늘 정말 날을 잡은 듯이 미래를 차에 태우고 그곳으로 향해 갔다. 가는 내내 불안한 마음에 진실을 얘기할까 하다가도 용기가 나지 않았다. 다시 확인된 미래의 거짓말.

"미래야! 내가 그깟 5천원 때문에 이러는 거 아냐. 5천원 때문에 너라는 존재를 인정하지 않게 된단다. 가끔은 거짓말 할 수도 있지만 그게 자꾸 반복이 되면 그 사람의 말만 안 믿어지는 게 아니라 그 사람 자체를 못 믿게 된단다. 나는 너를 못 믿게 되는 게 싫은거야"

괜히 따따이의 말에 눈물이 났다. 따따이는 미래를 3시간 동안 데리고 다닌 후에야 담배를 샀다는 말을 들었는데 야단치기보다는 정말 미래를 생각해서 따뜻한 말을 해주는 게 너무 고마웠다. 어릴 때 미래의 아버지는 사소한 일에도 화를 내고 야단을 치거나 때린 적이 많았다. 술을 마시고 들어온 날이면 그 정도가 더 심했다. 크게 잘못한 일도 아니고 억울한 게 있어서 뭔가 변명을 하려고 하면 더 크게 혼냈고, 잘못했다고 하면 잘못했으니깐 맞아야한다며 더 때렸다. 이래도 야단맞고 저래도 혼나던 미래는 아예 그 사실을 외면하고 싶었던 것인지 거짓말을 하기 시작했었던 것 같다. 그런데 오늘은 거짓말이 드러났는데도 심한 야단을 치지 않고 격려해주는 따따이가 고마웠다. 그리고 따따이라면 혼날 것을 염려하지 않고 뭐든지 사실대로 말할 수 있을 것 같은 생각이 들었다.

"미래야! 정직한 사람, 진실한 사람이 결국엔 이긴다는 말에 대해 어떻게 생각하니?"

"거짓말 한 사람이 더 잘되는 일도 많잖아요. 정치인들도 다 알면서도 모른다고 하고, 기억이 안 난다고 하면서 다 넘어가잖아요. 괜히 정직하게 말한 사람만 손해보는 거 아니예요?"

"글쎄, 내 생각에는 일반적인 세상 기준으로 이겼다거나 성공했다고는 못했을 수 있지. 아니 너 말대로 실패한 것처럼 보일 때도 많아. 그러나 결국에는, 진실 편에 선 사람, 정직하게 살아가는 삶 자체가 성공이라고 생각하지는 않니?"

"잘 모르겠어요. 어려워요"

"중요한 것은 진실은 결국 밝혀지게 된단다. 그런데도 사람들이 거짓말하고 거짓에 붙들려 사는 이유는 뭐라고 생각하니?"

"그 순간을 잘 넘어가려구요"

"그렇지. 지금 순간이 삶의 전부라고 믿기 때문이겠지. 당장 먹고 살기 위해, 당장 필요한 도움을 받아야 하고, 당장 돈이 필요하기에 거짓말을 하는 것이란다. 눈 앞에 보이는 순간적인 것이 전부라고 생각하기에 거짓에 놀아나는 것이란다"

"무슨 말인지는 모르겠지만 아무튼 좋은 말 같아요"

"그래. 미래야! 이제부터 진실을 목숨처럼 생각해보자. 그래서 미래는 뭔 말을 해도 믿을 만한 사람이 되면 너무 좋겠어"

"저 진짜 앞으로 거짓말 안할게요"

"그 말이 벌써 거짓말 같다"

따따이와 미래는 환하게 웃었다.

따따이는 그날 저녁 둥지 거실에 새로운 글귀를 적어 붙여놓았다.

'어둠은 빛을 이길 수 없다. 거짓은 참을 이길 수 없다'

"얘들아! 이제 서로에 대한 신뢰 쌓기를 연습해 보자. 알겠지? 우선은 거짓말하지 않기, 다음은 말한 것은 꼭 지키기!"

"예. 저는 거짓말 안 해요!" 어김없이 주희가 먼저 나서서 말했다.

"그런데 누가 우유 마시고 컵을 안 치우고 여기 피아노 위에 올려뒀냐?"

"전 아니예요" "저두요"

"다 아니면 도대체 누가 마신거냐? 마신 사람 솔직히 말해봐"

"모르겠는데요"

"아무도 안 마셨는데 컵만 여기 있는 거야? 참 놀라운 일이네"

우유를 마시고 컵을 올려두었다고 말하는 사람은 아무도 없었다.

둥지에서도 연극보다도 더 연극 같은 라이어가 매일 매일 공연된다. 관객은 하나도 없지만.

엄마가 부끄러워요

"실례합니다" 한 아주머니가 둥지 대문을 열고 불쑥 들어섰다.

"예. 누구세요?" 마침 마당에서 빨래를 널고 있던 정아가 인사를 했다.

"미은이 찾아왔는데 혹시…"

"예. 잠깐만요. 미은아! 미은아"

불러도 대답이 없자 정아는 거실 문을 열고 크게 소리쳤다.

"미은아! 야!!! 진미은"

"어… 왜?"

막 샤워를 끝내고 거실에서 긴 머리카락을 드라이어로 말리고 있느라 미처 자신을 부르는 소리를 듣지 못한 미은이가 그제야 대답했다.

"누가 찾아왔다니깐…"

"누구?"

"내가 어떻게 아나? 어떤 아줌마야"

그 말을 들은 미은이는 현관문을 열고 급히 밖으로 나갔다.

"아! 엄마. 여긴 어쩐 일이야?"

"니가 보고 싶어서 왔지. 전화도 안 받아서 걱정도 되고…"

"올거면 미리 연락을 해야지 갑자기 이렇게 찾아오면 어떡하는데"

"미안하다. 근데 니 밥은 먹었나?"

"지금 밥이 문제가? 진짜 눈치도 없고… 아! 몰라"

미은이는 둥지를 찾아온 엄마에게 짜증을 내며 문을 닫고 들어가 버렸다.

"미은이 어머니 안녕하세요?" 마침 빨래를 확인하러 마당으로 나온 별님이 인사를 건넸다.

"예. 안녕하세요. 미은이 잠깐 만나러 왔어요. 잘 지내는지도 보고 싶어서…"

"잠깐만요. 미은이 불러드릴게요"

"예, 잠시 얼굴만 보고 가면 됩니다"

어머니는 지하철역에서 급하게 걸어오셨는지 아직도 가쁜 숨을 고르며 힘겹게 대답했다.

"미은아! 엄마 면회 오셨네"

"별님, 저 면회 안 갈거예요"

"왜? 엄마가 오랜만에 오셨는데…"

"그냥요"

사실 미은이는 엄마가 부끄러웠다. 나이가 50살이 넘도록 아직 초등학교 졸업도 못한 무식한 엄마가 싫었다. 한글도 못 읽고 못 쓰는 엄마였기에 친구들에게 소개시키는 일은 생각하기도 싫은 끔찍한 일인데 엄마가 둥지로 불쑥 찾아온 것이다.

미은이 엄마는 어릴 때부터 심한 학대를 당하면서 성장했다고 한다. 무슨 이유인지 할아버지는 엄마를 싫어해서 초등학교가 아닌 식당에 일하러 보냈다. 식당에서 먹고 자면서 온갖 궂은 일을 도맡아하면서 어린 나이에 매일 밤 눈물을 흘리고 고생하며 지냈다고 한다. 일이 힘든 것은 참으며 지낼만했는데 엄마는 끔찍한 성폭행까지 참아가며 그곳에서 버텨야만 했다. 결국 어린 나이에 임신까지 하게 되어 미은이의 언니를 낳았지만 폭력과 술주정을 부리는 손길을 피해 도망을 쳐야만 했다. 강원도에서 최대한 멀리 부산으로 도망을 와서 만난 남자와의 짧은 동거 기간에 다시 임신해 낳은 아이가 미은이였다. 그 남자 역시 엄마를 학대해 다시 도망쳐야만 했다. 엄마의 모진 세월에 집 안에 남은 것은 성처투성이의 자신과 아빠가 다른 두 딸 뿐이었다. 두 딸을 위해 엄마는 자신의 몸은 돌보지 않고 닥치는 대로 막일을 하면서 살아왔다. 언니는 그런대로 성장하여 고등학교를 졸업하고 대학 휴학 후 공무원이 되기 위해 노력하고 있지만, 미은이는 사춘기가 시작되면서 집, 엄마, 그리고 언니 등 모든 것이 너무 싫었다. 학교를 소홀히 하고 가출을 반복하는 문제가 점점 드러났다. 미은이는 무엇보다 일정한 직업도 없이 전단지 붙이는 아르바이트를 한다며 부끄러운 모습으로 동네를 돌아다니는 엄마와 마주치는 것이 싫었다. 진통제, 우울증 등 각종 약을 한 손 가득 먹어야만 겨우 잠이 드는 엄마를 쳐다보는 것 자체가 스트레스였다. 그래서 집에 점점 늦게 들어가다가, 안 들어가게 되고 자신을 이해하는 남자 친구를 만나 장기간 가출 생활이 이어지게 된 것이다. 집에서는 실종 신고를 하고 경찰, 학교에서도 미은이를 찾다 통고가 되어 법원 재판을 받고 둥지로 오게 되었다. 중학교 3학년 나이지만 1학년 때 이미 다니던 학교에서 유급된 상황이라 둥지에서 중졸 검정고시와 고등학교 입학을 준비하도록 판사님이 배려해 주었다. 마침 미은이 재판의 국선보조인을 따따이가 맡아 이런 미은이와 어머니의 사정을 누구보다 더 잘 알게 되었던 것이다.

미은이 재판 날 따따이는 미은이 짐을 함께 챙기기 위해 몸이 아픈 어머니와 집으로 동행했다. 차 안에서 나누는 미은이와 어머니의 대화를 우연히 듣게 되었다.

"미은아! 엄마 편지 받았나?"
"응. 근데 그거 엄마가 쓴거야?"
"그래. 내가 직접 썼지"
"언니한테 써달라고 하지"
"언니한테 말했는데 자꾸 연습해야한다고 나보고 직접 쓰라고 해서 직접 썼지. 나중에 언니가 검사하고 니한테 편지 보낸거다"
"그래. 고마워. 나도 이제 잘할게"

미은이는 자신의 짐을 다 챙긴 후 걱정이 되어 따라나서는 엄마를 한사코 뿌리치고 다음에 보자며 자신만 홀로 따따이를 따라 나섰다. 그런데 그 엄마가 둥지로 직접 찾아온 것이다.

"미은이 너 면회 안 갔네"
정아가 아직 침대에 누워 있는 미은이에게 말을 걸었다.
"응. 몸이 좀 안 좋아서…"

"근데 너희 엄마 진짜 예쁘더라"

"진짜?"

"그래. 화장 안하고 그 정도인데 꾸미면 끝내주겠던걸"

"뭘, 화장하면 다 이쁘지"

"아냐. 우리 엄마는 화장해도 똑 같이 안 예뻐. 내가 엄마 닮았는가봐"

정아가 끼어들었다.

"너희 엄마 몇 살이야?"

"50살"

"진짜 40살처럼 보이든데"

"우리 엄마는 37살인데"

"뭐? 37살이라고? 뻥치지마라"

"진짜야. 37살.

"야. 그럼 너를 몇 살에 낳은거야?"

"내가 중학교 2학년 15살이니깐 22살에 낳은거지"

"엄마 진짜 젊네. 같이 다니면 언니라고 해도 믿겠다. 개 부럽다"

"우리 엄마는 나를 18살에 낳았는데"

"뭐라고?"

"우리 엄마 아빠가 고등학교 때 사고 쳐서 나를 임신하고 학교도 짤렸대"

"그 뒤에 어떻게 됐는데?"

"뭘 어떻게 돼. 그때 낳았으니 지금 내가 있지. 그 뒤에 성인 되서 바로 결혼한 거래"

"와. 진짜 멋있다"

"그래도 일찍 결혼해서 동생도 낳고 지금까지 잘 살고 있는게 다행이지"

"나도 그런 사람 만나고 싶다"

"저기 미쳤나. 그럼 지금 임신해서 애 낳고 싶냐?"

"아니 꼭 그런 건 아닌데… 어쨌든 멋진 남자 만나 오래가는 사랑을 하고 싶다고"

둥지는 마당에서도 다 들릴 정도로 웃고 떠들며 자신들의 엄마 얘기에 빠져들었다. 그때 조용히 자리를 비켜 TV를 켜는 아영이. 갑자기 시작된 엄마 얘기에 자신은 끼어들 틈이 없어 마냥 TV화면만 쳐다보고 있다. 살짝 뒤돌아보니 자기 침대에 돌아누운 미은이가 보인다.

아영이는 속으로 울음을 삼키며 되뇌었다.

'씨발, 그런 엄마라도… 있으면 좋… 겠… 다…'

| 따따이생각_1 |

둥지친구들은 무슨잘못을 했나요?

　소년보호재판을 받거나 둥지센터 처분을 받은 아이들의 경우 우범 또는 통고된 비행 초기단계부터 절도, 폭행, 학교폭력, 무면허운전, 공문서부정행사 등의 다양한 사건으로 재판을 받습니다. 최근에는 인터넷사기, 조건만남, 성매매 등으로 비행이 심화된 경우도 있습니다. 청소년 인구 감소에 비해 사건수는 줄어들지 않고 오히려 늘어나고 있습니다. 아이들의 범죄가 난폭하고 심각하며, 점점 더 어려지고 과감해지고 잔인해지기도 합니다. 그래서 일각에서는 청소년 범죄에 대해 단호하게 대처해야 한다는 목소리가 있기도 합니다. 하지만 소년법은 '관용'과 '용서'의 정신을 바탕으로 하고 있습니다. 이는 '범행'이 아니라 '비행'이라는 시각에서 바라보고, '처벌'보다는 '교정'이라는 측면에서 접근하기 때문입니다. 아이들이 저지른 비행이나 범죄의 기록을 보다가 실제로 그 아이를 만나면 놀라는 일이 종종 있습니다. 앳되고 해맑은 얼굴의 아이가 정말 그 사건을 저지른 것인가 의문이 들기도 합니다. 시간이 점점 지나면서 사건이 아닌 사람이 보입니다. 그 아이를 포함한 부모, 가족, 친구, 교사 등 주변 사람들을 보면 이해가 되는 부분도 있습니다. '그래서 이렇게까지 되었구나. 얼마나 힘들었을까? 그때 이 아이에게 주변 사람들은 뭘 했지?'라는 생각에 괜히 미안해지기도 합니다. 분명 아이들이 실수하고 잘못했지만 이 아이들만의 잘못은 아니라는 생각을 합니다.

둥지아이들 마음

둥지를 퇴소하며

나는 2014년 5월 23일 1호로 둥지 쉼터에 입소를 했습니다. 진짜 집에 가고 싶었습니다. 처음에 둥지에 입소했을 때, 선생님 말고는 아무도 없을 뿐더러 혼자였고 적응도 되지 않아 너무 힘들었습니다. 일주일 후 언니가 입소를 했습니다. 드디어 기다리고 기다리던 어느 누가 입소를 했는데 막상 만나니 서먹서먹 했습니다. 그래도 친해져야겠단 마음에 이야기를 나누고 가까워졌습니다. 한 달이 어느새 지나고 적응이 되고 한 달 만에 휴대폰을 받고 외출을 나갔습니다. 기다리고 기다렸던 순간입니다. 세상에 나가서 친구들을 만나고 가족들을 보니 쉼터에 들어가기 싫었습니다. 그럴지만 유혹을 이기고 제 시간에 쉼터에 들어왔습니다. 그렇게 쉼터 생활이 반복되면서 적응을 하고, 쉼터 사람들과 가까워지고 힘들 때 기댈 수 있는 둥지가 소중해졌습니다. 사모님과 목사님과 진지한 이야기를 나누면서 안아본 적도 있는 등 6개월 동안 두 분은 든든한 나의 부모님이셨습니다. 어떨 때는 진짜 보기도 싫고 화도 나고 답답하고 짜증나고 그랬는데 지금 생각해보면 우리에게 안 좋은 걸 가르쳐 주신 적은 없는 것 같습니다. 모든 게 다 우리를 잘되게 하려고 그랬던 것입니다. 감사하고 죄송스럽고 모든 감정을 느꼈습니다. 하고 싶은 말도 많은데 이걸 글로 쓰자니 다 정리를 못하겠습니다. 그냥 6개월 동안 모든 게 감사했습니다. 처음 입소했을 때는 완전히 정반대인 마음 가짐을 가지고 나가게 됩니다. 6개월이 그렇게 긴 것도 아니지만 죽을 때까지 내 머릿속에 남을 것입니다.

2014년 11월

안 ○ ○

Episode 2

죽고 싶으니 제발 살려주세요

> "아프고 난 다음에
> 아름다워진다고요?
> 그럼 전 이제
> 아름다워질 일만 남았네요"

가족이 뭔지

"약속 못 지켜서 죄송해요"

"괜찮아. 그럴 수도 있지"

학교를 마치고 어울리던 친구들과 만나 노느라 둥지를 무단 이탈한 현순이가 지난주에 소년원 내 분류심사원에 임시 위탁 되었다. 이런 일이 몇 차례 반복되었기에 판사님이 이번에는 강한 조치가 필요하다고 판단한 것이다. 여자생활관 복도 끝에 있는 작은 방에서 따따이는 현순이를 만났다.

"저 무단이탈한 거 반성하면서 잘 지내고 있어요"

"그래, 오늘은 네가 잘 지내는지를 보러 온 것도 있지만 사실 더 중요한 이야기를 할 게 있어서 왔단다"

현순이는 분홍빛 트레이닝복을 아래위로 입고 해맑게 웃으며 이것저것 얘기하던 중 갑자기 따따이가 심각한 표정을 짓자 당황스러운 마음이 들었다.

"뭔데요?"

"현순아! 혹시 지금까지 부모님이 너에게 실수하거나 스치듯이 한 말 중에 특별히 기억나는게 있니?"

"아뇨. 전혀 없어요. 무슨 일이 있나요? 알려주세요"

"너에 대해 굉장히 중요한 내용인데…"

"아이, 뭔데 자꾸 그러세요. 그냥 말해주세요"

"현순아! 지금부터 내가 하는 얘기 잘 들어라. 부모님께서 너에게 직접 말하는 것이 힘들어서 아직 알리지 않았더구나"

따따이가 무슨 말을 하려는지 현순이는 점점 조바심이 났지만 도무지 감을 잡을 수 없었다.

"사실 넌 3개월 아기일 때 부모님께서 너를 입양하셨단다"

"예? 입양이요?"

"그래 여기 서류를 한번 볼래?"

따따이가 손으로 가르키는 곳엔 3~4개월 때 입양함(당사자는 모름)이라는 글자가 쓰여 있었다. 현순이는 머리 속이 하얘지는 것 같았다.

"전에 내가 가출했다가 집에 갔을 때 아빠가 '너 주워왔다. 입양했는데 후회된다'고 한게 기억이 나요. 전 그때 내가 말을 안 들어서 홧김에 하신 말이라고 생각했는데…"

현순이는 충격을 받은 듯 아무 말도 하지 못하고 멍하니 있다가 소리 없이 눈물을 흘렸다. 점점 머릿속이 복잡해지고 생각을 하려고 해도 아무 생각이 나지 않았다. 따따이가 돌아가고 진달래방으로 돌아와서도 꿈을 꾸는 것만 같았다.
'친부모님이 아니라니… 내가 입양아라니…'
'지금까지 나 때문에 학교 불려 다니면서 사정하던 엄마가 내 엄마가 아니란 말인가?'
'난 이제 어떻게 살아야하지?'

현순이는 밤이 되어서도 쉽게 잠을 이루지 못하고 뒤척였다. 다음날 소년원 담임 선생님이 따따이가 맡기고 간 엄마의 편지를 현순이에게 전해주었다. 2장의 편지지엔 엄마의 글자가 한 글자 한 글자 정성스레 쓰여 있었다. 글자만 봐도 엄마를 보는 것 같아 와락 눈물이 나서 글자가 보이지 않았다. 애써 눈물을 꾹 참고 크게 숨을 고르고 나서야 떨리는 손으로 붙잡은 편지를 겨우 읽어 내려갔다.

사랑하는 우리 딸 현순아!

이 편지를 네가 읽을지는 모르겠지만 그래도 써본다.

미안하다. 우리 딸.

너를 위해 이 모든 것을 비밀로 하고자 했으나 이제 와 보니 모든 것이 엄마의 이기심 때문인 것 같다. 너에게 너무나 미안하다. 아기를 못 낳는다는 사실이 주위 사람들에게 알려지는게 싫어서 숨기게 된 것 같다. 네가 엄마 아빠 딸이 아니라는 소리에 너는 어떤 생각과 마음이 들었는지 미안함과 걱정이 많이 되었다. 처음부터 사실대로 말하지 못하고 이제 와서 이렇게 말하게 된 것을 용서해 주질 바란다. 사랑하는 우리 딸 현순아! 처음으로 네가 우리 품에 안겼을 때는 이 세상 무엇과도 바꿀 수 없는 보석보다도 더 소중하고 기쁘고 행복한 날이었다. 조금씩 커가면서 엄마 아빠라는 소리를 들었을 때도 너무나도 기쁘고 행복했단다. 어릴 때는 착하고 인사성이 밝고 해서 어른들에게 칭찬도 많이 들었다. 너는 기억할지 모르겠으나 갑작스런 아빠의 암투병으로 엄마가 너에게 신경을 쓰지 못했다. 그래서 네가 이렇게 되었나 싶어서 몹시 마음이 아프고 속상하고 미안하다. 엄마는 너에게 돈보다도 더 소중한게 많이 있다는 걸 보여주고 싶었지만 그것이 마음 먹은대로는 안되었다.

사랑하는 우리 딸 현순아. 엄마 아빠는 우리 딸과 함께 여행도 가고 싶었고 좋은 것은 아니더라도 외식과 쇼핑을 함께 즐기고 싶었다. 때로는 엄마가 매를 들고 야단도 치고 했지만 한 번도 너를 내 자식이 아니라고 생각해본 적이 없었단다. 우리 자식이기에 매도 들고 야단도 치고 해서 너에겐 그것이 간섭과 잔소리로 들렸겠지만 네가 바른 길로 가길 바라는 마음에 그럴 수밖에 없었다. 자꾸만 어긋난 길을 가는 우리 딸을 보고 있으니 엄마는 눈물 밖에 나지 않는다. 전화했을 때 받지 않고 연락이 없으면 엄마는 밤에 잠을 잘 수가 없었다. 어디서 무엇을 하면서 지내는지, 밥은 먹고 다니는지, 무슨 일이 있는 건 아닌지 걱정도 되고 속상해서 눈물도 나 많이 힘들었다. 밖에 나가 너와 비슷한 아이가 지나가면 자꾸만 쳐다보게 되었다. 벨소리가 나거나 문 두드리는 소리만 들려도 우리 딸인가 싶어서 뛰어나가 기대를 했지만 다른 집 벨소리거나 엄마가 잘못 들은 것 같아 또 한 번 마음이 아팠다. 그리고 무뚝뚝한 아빠지만 항상 너에 대해 묻고 궁금해 하신다. 이 상황을 받아들이지 못하고 부정도 많이 하신다. 요즘 엄마는 아침 저녁으로 너를 위해 기도한다. 착하고 귀엽고 예쁜 옛날의 우리 딸로 다시 돌아올 수 있게 해 달라고 기도한다. 사랑하는 우리 딸 현순아. 너는 영원히 우리 딸로 남았으면 하는 바람이다. 바르고 착하고 예쁜 우리 딸로 다시 엄마 품에 안아보고 싶다. 사랑한다. 우리 딸.

그 다음 주 현순이의 재판이 열렸다.
"판사님! 저는 이번 임시 위탁 때 제가 입양되었다는 사실을 알게 되었습니다. 저는 이때까지 저의 친부모님이 줄 알았던 엄마 아빠가 친부모가 아니라는 사실을 믿기 싫었습니다. 이 사실을 알고 오늘까지 곰곰이 생각하다가 울다가를 반복하였습니다. 저 때문에 학교와 경찰서에 계속 불려오고 이런 법원에까지 오면서 속상하게 한 엄마 아빠를 볼 면목이 없습니다. 저의 부모님은 저를 배로 낳아주지는 않았지만 저를 마음으로 낳아주셨고 사랑으로 길러주셨습니다. 저는 다른 아이들보다 몇 배 더 사랑을 받았다는 것을 깨달았습니다. 이제 다시 새롭게 시작하여 다시 차근차근 바르게 살아가겠습니다. 판사님! 정말 염치없지만 제가 새롭게 지낼 수 있게 기회를 주세요. 제가 부모님께 용서를 받을 수 있게, 효도하면서 최선을 다해 살고 싶습니다"

현순이가 판사님께 말하는 동안 현순이의 부모님은 고개를 떨구고 눈물만 흘리고 있었다. 간절한 마음이 판사님께 통했는지 현순이는 소년원에 가지 않고 둥지에서 다시 지낼 수 있는 기회가 주어졌다.

그렇게 두 주가 지나고 둥지에 가은이가 새 식구로 오게 되었다. 중학교 2학년인 가은이는 가출했을 때 만난 언니들과 오빠들의 협박에 절도와 성매매까지 하게 되어서인지 잔뜩 경계하는 모습으로 앉아 있었다.

"애들아. 오늘부터 가은이도 둥지 가족이 되었다. 살아온 가족이나 환경은 다 다르지만 우리는 좋은 가족이 될 수 있단다. '언니가 되어줘요.' '동생으로 삼아줄게' 이런 마음으로 누구도 왕따 취급하지 말고 다 잘 지내기 바란다. 비록 법원에서 처분 받아 왔지만 둥지라는 새로운 공동체에 들어온 가족이다. 알겠지?"

"오키요"

"당근!!"

"넹~~면"

"가족이니깐 그 누구라도 받아들이고 품고 더불어 살아가는 모습을 만들어가기 바란다. 피를 나눈 가족은 아니지만 새로운 가족을 이루어 아름다운 공동체를 만들자. 알겠지?"

"오키요"

"당근!!"

"넹~~면"

"센터장님!"

가은이를 인계하고 나서던 가은이 어머니는 대문 앞 계단에서 조용히 눈물을 흘리며 차마 발걸음을 돌리지 못하고 서 있었다가 현관을 나오는 따따이를 불렀다.

"꼭 전할 말이 있어서요"

두 사람은 한참을 계단에 서서 대화를 나누었다. 가은이 어머니는 그동안 힘들게 숨겨왔던 비밀을 털어놓았다. 가은이를 입양하여 지금껏 정성껏 키워왔는데 최근 들어 생긴 비행으로 부부의 관계까지도 심각한 문제가 생기고 있다는 것이다. 자신이 입양된 사실을 전혀 모르는 가은이와 딸의 비행에 실망하여 단호하게 파양하려는 아버지 사이에서 어머니는 어떻게 할지 몰라 하는 상황이었다.

"어머니! 사실 저도 입양가족이에요. 저의 넷째인 막내 딸을 생후 45일에 입양했습니다. 어머니의 그 심정 어느 정도는 이해합니다"
"예. 저도 들었습니다. 그래서 용기내어 말씀드린 거예요. 지금까지 정말 제 딸로 키워왔어요. 이제는 어떻게 해야 할지 모르겠습니다"
"부모님은 숨겨왔지만 혹시 가은이가 자신이 입양된 사실을 알고 있는건 아닌가요?"
"글쎄요"

그때 현관에 나왔던 가은이가 엄마를 발견하고 해맑게 외치곤 사라졌다.
"엄마! 이번 주말에 꼭 면회 와야 돼! 알겠지? 꼭"
"센터장님! 저 이만 가봐야겠습니다. 가은이 잘 부탁합니다"

"예. 걱정마세요. 그리고 가은이에게 입양 사실을 알리는 것도 생각해 보세요"

"생각은 해보겠지만… 아무래도 그건 힘들 것 같아요. 제발 부탁입니다. 가은이에게는 끝까지 알리지 않았으면 합니다"

가은이 어머니가 계단을 내려가 사라진 후에도 따따이는 한참을 대문 앞에 서 있었다.

가족이 뭔지…

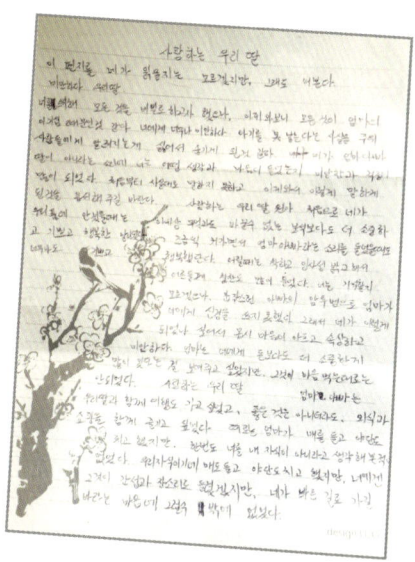

죽고 싶으니 제발 살려주세요

———

그날 따라 유독 스산한 날씨였다. 봄이라고 하기엔 잿빛 하늘에 금방이라도 비가 내릴듯이 흐렸다. 식당에서 오후 늦게까지 아르바이트 중이던 해리로부터 다급한 연락이 왔다.

"따따이! 정은이 아직 안 왔죠? 걔 좀 이상해요"

"왜? 뭐가 이상하다는거냐?"

"조금 전에 정은이 인스타에 이상한 글 써놨어요. 그냥 놔두면 자살할 것 같은데요"

"그게 무슨 말이냐? 자세히 얘기해봐"

해리의 설명이 채 끝나기도 전에 초희, 인혜, 아영이가 연속적으로 따따이에게 정은이가 인스타그램에 올린 사진과 글을 캡쳐해서 보내오며 걱정을 했다. 정은이의 인스타그램엔 "이제 모든 것을 끝내고 싶다"는 글과 함께 어느 아파트 옥상에서 찍은 듯한 사진 한 장이 올려져 있었다. 정은이는 평소 밝게 잘 웃다가도 어느 순간 우울해지는 급격한 감정의 변화를 보이는 편이기에 여간 신경이 쓰이는게 아니었는데… 오늘 따라 학교 수업을 마친 후 귀가가 늦어 그렇잖아도 걱정을 하고 있던 차에 결국 일이 터져 버렸다.

따따이는 정은이가 올린 사진을 유심히 살피며 어디 쯤인지 파악하기 시작했다. 건너편 건물에 101, 103동의 글자가 선명하게 보였고, 옆 건물은 상가로 보여 둥지센터 밑에 있는 동아아파트로 파악되었다. 그렇다면 동아아파트 어딘가에 있을 거라는 추측에 무작정 차를 몰고 달려갔다. 괜히 녀석을 자극하는 것은 아닐까라는 우려에 한쪽 모퉁이에 차를 세우고 다시 사진과 비교해 보았다.

그때 마침 동아아파트 3동 맨 위층의 복도 계단 창문이 열려있는 것이 보였다. 혹시라도 눈이 마주치면 정은이를 자극해 극단적인 선택을 하는 것은 아닌가 염려되어 살짝 고개를 내밀고 동태를 조심스레 살폈다. 사진 속 아파트가 보여지는 각도며 주변 모습으로 볼 때 정은이는 분명 그 창문을 열고 사진을 찍은 것이 분명했다. 하지만 무작정 소리를 지르거나 올라갈 수도 없었기에 잠시 마음을 가다듬고 안전을 위해 기도를 한 후 생각을 정리했다.

정은이의 아픔과 고통이 고스란히 전해온다. 정은이 어머니는 정은이를 임신한 사실을 모른 채 아버지와 헤어졌다고 한다. 이후 고민 끝에 정은이를 낳았지만 정은이 오빠와 정은이를 홀로 키우기 힘들어서 정은이가 5살 때 지인으로부터 소개를 받아 재혼을 했다. 자녀들과 자신을 위해 최상의 선택일 것 같았던 이 결혼은 가족 모두에게 돌이킬 수 없는 아픔을 가져다주었다. 외형적으로는 그럴듯해 보이던 새 아빠는 정은이 오빠에게 잦은 폭행을 했고, 정은이가 초등학교 1학년이던 8살 때부터 중학교 1학년 14살이 될 때까지 5년간 지속적인 성추행과 성폭행을 가했다. 그럴 때마다 정은이는 뿌리치고 거절하고 싶었지만 "만약 엄마에게 말하면 모두 죽는다. 너만 조용히 하면 다 해결된다"는 말에 속아 그 오랜 세월을 혼자 가슴앓이를 하며 버텨왔다.

결국 마음의 병이 되어 중학교 1학년 때 문제를 일으켰고, 이를 상담하던 교사에 의해 정은이가 당해 왔던 모든 일이 밝혀지게 되었다. 이 일은 남편과의 관계가 힘들어도 아이들을 위해 버텨왔던 엄마에게도,

엄마와 가족을 위해 비참한 일을 당하면서도 참아왔던 정은이에게도 모두에게 큰 상처가 되었다. 몹쓸 짓을 저지른 새 아빠는 재판을 받아 교도소에 갔지만, 남은 가족은 모든 것이 무너지는 듯한 슬픔과 고통을 온 몸으로 부딪혀야 했다. 엄마는 그 고통을 이겨내기 위해 술을 마시다 정은이에게 폭언을 하는 일이 잦아졌고, 정은이는 엄마에게 채워지지 않는 위로를 받고 싶은 마음에 방황하며 또 다른 문제를 일으키게 되었다.

따따이가 정은이가 있는 아파트 근처에 있다는 소식을 들은 희정 선생님이 부리나케 달려왔다. 희정 선생님은 대학원에서 상담을 전공하고 있는데 둥지 아이들의 친구같이 때로는 이모같이 함께 하고 있는 고마운 분이다. 따따이는 조용히 정은이가 있을 곳으로 짐작되는 곳에 손가락을 가리켰다. 희정 선생님이 맨 위층 복도 창문이 여전히 열려있는 아파트 라인으로 올라갔다.

얼마의 시간이 지났을까. 희정 선생님으로부터 문자가 왔다.
"정은이 만났어요. 손에 자해를 해서 피가 나고 있어요"
따따이는 조용히 데리고 내려 올 것을 당부한 후 한숨 돌렸다.

조금 뒤 아파트 입구 자동문이 열리고 창백해진 얼굴의 정은이가 희정 선생님과 함께 나타났다. 정은이는 따따이를 보자마자 울음을 터트리며 안겼다.

"죄송해요! 갑자기 죽고 싶은 마음이 들어요. 죄송해요"

"그래. 이제 괜찮아"

"죽고 싶은 마음이 자꾸 들어요. 제발 살려주세요"

"그래. 집으로 가자"

순간의 위급함은 넘겼지만 앞으로 정은이가 감당해 가야할 시간을 생각하니 따따이는 마음이 무거웠다. 둥지에 돌아와서 자초지종을 들어보니 지난 주 병원에 가서 2주 간의 약을 처방받아 왔는데, 둥지센터에 온 이후로는 어느 정도 마음의 안정이 되어 스스로 괜찮겠지 하는 마음에 복용하던 약을 먹지 않은 것으로 확인되었다.

"너 며칠 동안 밥을 안 먹고 왜 배가 고프지? 라는 것과 똑같아. 배고프면 밥 먹으면 되잖아. 밥을 먹지 않고 왜 이렇게 힘이 없지 왜 기운이 빠지지라고 하는 것처럼, 약을 먹지 않고 왜 이렇게 마음이 힘들지라는 것과 같다. 이 녀석아!"

"죄송해요. 이젠 안 그럴게요"라며 정은이는 고개를 떨구고 눈물을 뚝뚝 흘렸다.

따따이는 아무 말을 하지 못하고 정은이의 손을 잡아주었다. 눈물 방울이 뚝뚝 떨어지는 그 손에는 지난 자해의 흔적도 고스란히 남아있기에 마음이 더욱 아려왔다.

그 때, 갑자기 밖에서 소란한 소리가 들려왔다.
"야! 너 뭐하는데?"
"빨리 나와라"
"왜 그러니?"
"정아가 좀 이상해요. 혼자 화장실 들어가서 30분 째 안 나오잖아요"

아이들의 끊임 없는 성화에 하는 수 없이 화장실 문을 열고 나오는 정아는 다리를 절뚝거리고 있었다. 입소한 날부터 불안정한 심리 상태를 보이기도 했지만 그럭저럭 무난하게 지내고 다음 달 퇴소를 앞두고 있는 정아. 최근 학교 친구들과 관계가 악화되고 끊임없이 꼬리에 꼬리를 무는 뒷담화로 지쳐서인지 며칠 전부터 유독 힘든 모습을 보였었다. 지난주에는 학교 화장실에서 심한 자해를 해 문제를 일으켰는데, 거식증 증상까지 더해지며 음식을 먹은 후 곧바로 모두 토해내기를 반복하더니 최근에는 살이 급격하게 빠지는 지경에까지 이르렀다. 학교에서 정아가 혼자 화장실에 가거나 사라지지 않도록 챙기는 부분이 자신에게는 감시를 당하는 것으로 느껴져 더 큰 부작용이 생기기도 했다. 다행히 이번 주부터 어느 정도 회복세에 들어섰다 생각하고 조금 마음을 놓았는데 무슨 일이 생긴 것 같아 불안이 몰려왔다. 따따이는 이제 마음의 안정을 찾은 정은이를 자기 방으로 보내고 정아를 불렀다.

"무슨 일이니?"
"죄송해요"
"아니. 무슨 일이냐고?"
"그냥요… 이제 괜찮아요"

대답과 달리 괜찮아 보이지 않는 정아를 살피던 따따이는 다리를 자꾸 의자 밑으로 숨겨넣은 것 같은 모습이 의심스러웠다.
"정아야. 너 다리 좀 보자"
"아니예요. 괜찮아요"
"아까 보니깐 다리를 조금 저는 것 같던데…"
"학교에서 넘어졌는데 지금은 괜찮아요"
"그러니깐 괜찮은지 한 번 보자"

결국 정아의 바지를 들어올리자 종아리 전체에 커터칼로 수 없이 그어놓은 자해의 흔적이 고스란히 드러났다.

"죄… 송… 해… 요…"

아무 말 없이 연고를 발라주는 따따이에게 그 아픔과 고통이 고스란히 전해왔다.

"정말 죽고 싶어요"라는 말이 "제발 살려주세요"라는 소리로 들려온다.

"저 내버려 두세요. 내 맘대로 할거예요"라는 반항은 "저에게 관심 좀 가져주세요"라는 애교로 들려온다.

잔뜩 흐렸던 날씨에 가려졌던 태양도 구름 사이로 마지막 햇살을 비추며 예쁜 석양과 함께 하루가 저물어간다.

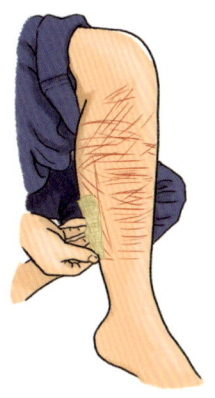

'아름다움'은 '앓음다음'이래

"따따이! 큰 일 났어요. 빨리 와보세요"

초희의 다급한 연락을 받은 따따이가 둥지에 들어서자 놀란 마음에 아직 흥분해 있는 아이들이 따따이의 손을 끌고 정아가 있는 방으로 데려갔다. "왜 무슨 일이야?"라며 문을 열자 손 끝으로 붉은 피가 뚝뚝 떨어지는 손목을 붙잡고 어쩔 줄 몰라 고개를 숙이고 있는 정아가 한 쪽 구석에 있었다.

인천에서 태어난 정아는 4살 때 부모님이 이혼한 후에 할머니와 함께 부산으로 왔다. 이후 재혼한 아버지가 부산으로 와서 다시 함께 지내게 되었지만 새 어머니의 눈치에 마음 편히 지내기가 어려웠다. 그렇게 견디다가 너무 마음이 힘들면 할머니집과 이모집을 돌아다니기도 했다. 아버지가 알 수 없는 일로 교도소에 들어가고 새 어머니는 자연스레 정아 곁을 떠나갔다. 마음 둘 곳 없이 친구집을 전전하다가, 알게 된 남자 친구들과 함께 어울리다가 술을 마시게 되었다. 술에 취해 몸도 잘 가누지 못하던 정아를 모텔로 데리고 간 2명의 남자 친구들은 정아에게 씻을 수 없는 상처를 남겼다. 그 일 이후 정아는 그 남학생들과 눈도 마주칠 수 없어 도망자처럼 학교를 그만두고 다른 학교로 전학했다. 그리고 불쑥불쑥 힘든 마음이 들 때면 자해를 하는 습관이 생겼다.

"그 동안 참 힘들었겠구나"라는 따따이의 말에 정아는 말없이 고개를 숙이고 눈물만 뚝뚝 흘렸다. 조금 전 핏방울이 뚝뚝 떨어지듯이 표현하지 못한 내면의 고통으로 굵은 눈물이 핏방울처럼 뚝뚝 흘러내렸다.

다음날 별님과 정아는 병원을 찾았다. 평소 둥지 아이들 중 심리적 정신적 어려움을 겪는 친구들을 도와주는 신경정신과 의사인 김민철 원장님이 운영하시는 병원이다. 깔끔한 외모와 친근감을 가진 원장님은 긴 시간 정아의 상태를 살피고 면담을 나눈 후 별님에게 "지금 당장 입원해야할 상태입니다"라는 한 마디로 상태의 심각성을 알렸다. "이 아이가 지금까지 살아온 이야기가 사실이라면 지금 이 상태로 있는 것조차도 감사한 일입니다. 더 큰 일이 생기기 전에 당장 입원해야 할 것 같습니다"

그 말을 들은 정아는 자신이 정신병원에 입원해야 한다는 사실이 더 괴로웠는지 "저 이젠 자해하지 않을게요. 한 번만 기회를 주세요"라며 간곡히 사정을 했다.

바로 일주일 전 법정에서 판사님에게 "저 이젠 작은 사고라도 치지 않을게요. 한 번만 더 기회를 주세요"라고 보호자도 없이 홀로 앉은 법정에서 선처를 바라던 때와 같이.

정아는 작년 어느 날 저녁을 사겠다는 친구의 연락에 별 생각 없이 만났다. 음식을 먹은 후 돈을 내기로 한 친구와 다른 친구가 몰래 도망가 버리는 바람에 꼼짝 없이 홀로 남겨진 정아는 모든 책임을 져야 했다. 이후에 아르바이트를 하면서 돈을 갚고자 했으나 화가 난 주인이 합의에 응해주지 않아 결국 재판까지 받게 되었다. 그리고 판사님은 당장 법정을 나가도 잘 곳이 일정하지 않은 정아를 그냥 밖으로 내보낼 수는 없는 일. 그래서 정아는 둥지센터로 오게 되었고 잘 지내는 듯하다가 심리적인 압박감으로 다시 자해를 하기까지 이른 것이다.

원장님은 간곡하게 매달리는 정아에게 "그럼 당분간 약물복용을 하면서 상태를 지켜보자"고 하였는데, 약 때문인지 마음이 편해져서인지 정아는 눈에 띄게 밝아지고 잘 적응하였다. 별님이 아침 저녁으로 정아를 불러서 직접 보는 앞에서 약을 먹이며 다독이고 격려한 것도 한 몫 하였으리라.

계속 내리던 장맛비가 그친 눈부시게 화창한 주말. 따따이에게 동반 외출로 특별한 시간을 허락받은 둥지 아이들은 신이 나서 부산대 앞 거리를 돌아다니고 노래방도 가면서 한 껏 즐기고 있었다. 그런데 잠시 후 따따이에게 정아의 전화가 왔다.

"저 지금 혼자 들어가도 되요?"

"왜? 아이들과 무슨 일 있었니?"

"아뇨, 꼭 할 말이 있어서요"

둥지 아이들이 따따이에게 할 말이 있다는 말은 뭔가 문제가 생겼거나 추가적인 사건에 휘말렸을 때 주로 듣는 말이기에 순간 불안감이 엄습해 왔다.

"또 무슨 일이지. 아이들과 싸웠나? 아니면 다시 자해를 했나? 더 이상 둥지에 있기 싫으니 나가겠다는 건가?" 따따이는 정아가 다시 돌아오기까지 내내 마음이 무거웠다.

그런데 문을 열고 들어온 정아는 예상 밖으로 밝은 표정이라 안심이 되었다.

"그래, 무슨 일이기에 모처럼의 외출 시간도 마다하고 왔냐?"

"저 있잖아요… 처음엔 둥지 오게 된 것이 너무 싫었는데 지금은 너무 좋고 감사하게 생각하고 있어요. 따따이와 별님에게도요. 그리고 제가 전에 자해했을 때 둥지 애들이 이상한 눈빛으로 보는게 아니라 힘내라고도 하고 그러지 말고 힘들 때 얘기해라고 말해줘서 너무 고마웠어요"

"우리가 같이 한 식구로 살아가는거지. 그래서 병원 원장님께서 너에게 입원하는 것보다는 이런 곳에서 함께 부대끼며 마음의 힘을 길러가는 게 더 좋을 것 같다고 말씀하셨잖아"

"저 사실 생각을 많이 했는데… 지난번에 저를 힘들게 한 사건, 알죠?"

"그래. 조금 알고 있지"

"저 이제 그 아이들 정식으로 고소하고 싶어요. 그동안 그 사실이 너무 싫어서 도망 다니고 힘들면 자해하고 그랬는데 그 아이들은 밖에서 웃고 돌아다니고 제게 진심으로 사과한 적도 없고 오히려 저를 이상한 아이로 학교에 소문내서 더 힘들게 하고… 이젠 더 이상 아닌 것 같아요. 정식으로 고소하고 싶어요"

"정아야! 네 생각이 그렇다면 방법을 찾아보자. 근데 시간도 지났고 사건도 어떻게 됐는지 모르기 때문에 확인도 해야 해. 그리고 그 아이들이 어떤 처벌을 받던 그것보다 난 네가 이 일에서 도망치지 않고 정면으로 부딪히고 대면하는 게 더 중요한 것 같다. 이렇게 모든 문제를 직면하고 해결책을 찾아가는 용기가 너무 좋다"

"저도 그 아이들에게 어떤 벌을 주려는 것이 아니고 무슨 돈을 받으려는 것도 아니고 진정한 사과를 받고 싶어요"

"그래. 한 번 알아보자"

며칠 후 따따이는 정아를 데리고 변호사 사무실을 찾았다. 그 곳은 둥지센터를 시작할 때 가정법원장이셨다가 현재 변호사로 활동하시는 분이 계신 곳이었다. 최인석 변호사님은 비행 청소년, 위기 청소년들에게 많은 관심을 가지고 평소에도 도움을 주고 계셨는데 사건을 듣고 기꺼이 무료 변론을 해주겠다고 한 것이다. 정아의 이야기를 들은 변호사님은 정아에게 미리 준비한 한 권의 시집을 건넸다. 그리고 "정아야! 그건 너의 잘못이 아니야. 그리고 너는 공장에서 생산된 제품이 아니란다. 마트에서 판매하는 상품이 아니란다. 하나님이 창조하신 하나 밖에 없는 걸작품이야. 소중하게 너 자신을 다루어라"며 따뜻한 말을 건네셨고 정아는 밝게 웃으며 대답했다.

그리고 "나는 비싼 변호사란다. 이거 공짜 아니야. 30년 뒤에 빚을 꼭 갚아야 한다"고 하자 정아는 한참을 생각한 뒤 "예? 얼만데요?"라고 목소리를 죽여 물었다.
　"액수는 말하지 않겠지만 나중에 빚을 갚을 때 넌 나에게 말고 너와 같은 아이에게 베푸는 것으로 갚아야 한다"며 환하게 웃으셨다. 정아도 그러겠다고 약속하며 훨씬 가벼워진 걸음으로 나왔다.

　"정아야! 아름다움은 앓음다움이란 말이 있단다. 그 동안 많이 아프고 힘들었을 텐데 이 시간을 잘 극복해서 다음에 더 아름다워 질거야. 힘내라"
　"예? 아프고 난 다음에 더 아름다워진다고요? 너무 좋은 말이네요"
　"그렇지!"
　"그럼 전 이제 아름다워질 일만 남았네요"

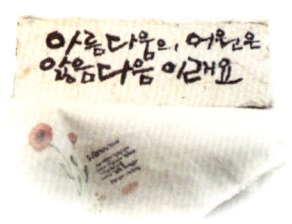

나만 아니면 돼

"언니, 저기 노랑색 티셔츠 입고 지나가는 애 보이죠? 쟤 제 친구 학교 후배인데 조건 뛴다고 들었어요"

"진짜? 그럼 불러봐"

마지막 담배 한 개피를 피워 물고 담배연기와 함께 온갖 짜증을 다 쏟아내고 있는데 마침 수지의 후배 다민이가 그들의 앞을 지나가는 것이었다. 인혜와 수지는 가출한지 일주일이 지나 돈이 다 떨어지고 빌려 쓰는 것도 힘들어 하루 종일 굶었기에 정말 돈이 필요했다.

"야! 신다민. 너 우리 돈 필요해서 그러는데 조건 좀 해라"

"전 조건 안 하는데요"

다민이는 기분이 나빴지만 무서운 선배들이라 어쩔 수 없이 눈을 내리깔고 짧게 대답했다.

다민이의 불만에 찬 한 마디에 기분이 나빠진 인혜는 다민이의 뺨을 한 대 갈겼다.

"니가 조건 뛰는거 알고 있는데 뭘 안한다고 하냐? 그럼 맞던가. 씨발년아"

뺨을 한 대 맞은 다민이는 아무 말 없이 고개를 숙이고 있었다.

"수지야! 남자 찾아봐라"

"예. 언니"

수지는 휴대폰을 꺼내 익숙하게 앙톡이라는 앱을 열었다.

그리고 얼마의 시간이 지나지 않아 바로 근처에 바로 만날 수 있는 남자와 연결이 되었다.

"할래? 안 할래?" 겁 먹은 다민이는 가만히 고개를 끄덕였다.

수지는 다민이의 손을 잡고 길을 가서, 건너 편 지하철역 출구 앞에 서 있는 한 남자가 보이는 곳으로 끌고 갔다. "야! 빨리 갔다 와라"

그 남자 앞으로 다가간 다민이는 "제가 원해서 하는게 아닙니다. 안 할거예요. 죄송합니다"라고 외치고는 바로 옆 골목으로 도망을 가버렸다. 그렇게 골목 구석에 쪼그려 앉아 있다가 맞을 것이 무서워져서 다시 인혜가 기다리는 곳으로 찾아갔다. 다민이를 보자마자 화가 난 인혜는 머리채를 잡고 뺨을 한 대 더 세게 때리쳤다.

"씨발년아. 니 내랑 장난하나? 행동 똑바로 해라. 내가 우습게 보이나?"

"언니! 여기서 때리지 마세요. CCTV에 다 찍힐 수 있어요" 라는 수지의 말에 인혜는 다민이를 아파트 옥상으로 데리고 가서 다시 머리채를 잡아 흔들어 넘어뜨려 주먹으로 때리고 발로 찼다.

"한 번 더 나가라. 일 제대로 하고 와라. 이번에 돈 안 받아오면 진짜 죽인다. 씨발년아"

"집에 가야 하는데요"

"그래, 한번만 뛰고 돈 받으면 집에 보내줄게. 말 못 알아 듣냐?"라며 다시 얼굴을 몇 대 더 때렸다.

"예… 할게요" 다민이는 하는 수 없이 대답했다.

"수지야! 이 년 가슴 인증샷 좀 찍어라. 도망가면 페이스북에 올려버리게"

"옷 들어라" 다민이가 머뭇머뭇거리자 다시 때릴 듯이 손을 들어 올렸다. 그 기세에 눌려 다민이는 아무 말도 못하고 옷을 약간 들어 올렸다.

"야! 장난치나? 가슴 잘 보이게 고개 똑바로 들어라"

다민이는 너무 부끄럽고 수치스러운 마음에 두 눈을 질끈 감았다. 다시 수지에 의해 낯선 남자를 만난 다민이는 따라가는 척 하다가 곧바로 다시 도망쳐서 경찰에 신고하였다.

　결국 이 일로 경찰조사를 받던 중 전국적으로 떠들썩했던 학교폭력 사건에 연루되어 인혜는 재판을 받아 둥지에서 생활하게 되었다. 인혜의 늘 공격적인 태도와 막말로 인해 둥지는 가끔 아수라장이 되기도 했다. 한번은 전문상담가 선생님들의 자원봉사로 둥지캠프를 하게 되었는데, 만나자마자 반갑게 인사하는 선생님에게 거친 욕을 쏟아내어 모두를 경악하게 만들기도 했다. 프로그램 중 피구를 하다가 자신이 공에 맞자 공을 던진 아이에게 달려가 거친 욕을 하며 자신의 화를 쏟아내어 게임이 중단되기도 했다.

　주변 모두가 성격이 거칠고 난폭해 이유 없이 화를 쏟아내는 인혜를 기피했으나, 따따이는 굉장히 강한 척 해도 속내는 따뜻한 편인 인혜가 왜 이렇게까지 마음이 부정적으로 굽어지고 단단히 굳어져 버렸는지 안타까운 마음이 들었다. 사실 인혜는 자신이 2살 때 아빠와 이혼하고 엄마가 떠났기에 엄마에 대해 아무런 기억이 없다. 자기를 키워주기는 하지만 술만 마시면 자신과 언니에게 폭언과 폭행을 일삼던 아빠를 죽이고 싶도록 미웠다. 언니는 고등학교 졸업하자마자 아빠로부터의 독립을 선포하고는 혼자 살겠다고 떠나버렸다. 근처에 살면서 잠시 집안일을 도와주던 할머니도 지쳐서 더 이상 못하겠다며 오시지 않았다.

자신의 감정에만 충실하며 거침없이 막말을 쏟아내고 폭행을 가하던 아빠, 자기만의 행복을 찾아 떠나버린 얼굴도 모르는 엄마, 혼자 살 힘이 생기자 동생을 버리고 야속하게 떠나버린 언니, 몸이 힘들어 귀찮아지자 발길을 끊어 버린 할머니, 그래서일까? 인혜도 너무 자기중심적으로 변해있었다. 모든 상황을 자기중심으로 해석하여 오해를 하거나, 남이 괴롭더라도 원하는 것을 갖고 싶어 했다. 사다리게임이나 제비뽑기 등으로 한 달 간의 잠자리를 정할 때도 자기가 원하는 대로 되지 않으면 온갖 이유를 들어 다시 해야만 했고 결국 자기가 원하는 자리를 차지해야만 했다. 법원 명령으로 사회봉사를 가서도 좋은 것을 느꼈음에도 말의 표현에는 장애인들을 비하하거나 부정적인 말을 해 주의를 받기도 했다. 인혜 속에 가득 차 있는 분노를 다 해결하지는 못했지만 우여곡절 끝에 6개월의 둥지센터 생활을 마치고 집으로 돌아갔다.

둥지 생활을 하며 인혜는 그동안 중단 위기였던 중학교도 무난히 졸업하고 고등학교에 진학하여 댄스부 활동도 하면서 나름대로 잘 적응했다. 여러 활동에서 인혜의 넘치는 에너지는 긍정적으로 조금씩 바뀌어 전체 분위기를 역동적으로 바꾸는 역할을 하기도 했다. 특히 연극공연 때는 여러 배역을 맡아 자신의 끼와 재능을 잘 발휘하며 칭찬을 받기도 했다. 또한, 연극 공연 때 아버지가 오시지 않아 실망하기도 했는데 마지막 공연에 아버지가 관람을 와서 공연 후에 딸과의 감격적인 포옹을 하면서 모두에게 감동을 주기도 했다. 그러나 자신의 해결되지 않는 분노와 상처 때문인지 가시 돋아 세운 고슴도치마냥, 주인에게 버림받은 들개마냥, 누군가에게 계속 상처와 갈등을 안겨주다가 퇴소할 때 둥지나 따따이에게 감사의 인사도 없이 다시는 안 볼 듯이 자신의 짐을 챙겨 순식간에 사라져 버렸다. 딸의 짐을 챙기러 온 인혜의 아버지도 마찬가지였다.

그렇게 떠나버린 약 5개월 후 어느 날 아침 인혜로부터 따따이에게 페메가 왔다. 역시나 그동안의 안부도 묻지 않고 다짜고짜 "물어볼 게 있어요?"라는 것이었다. 따따이는 직감적으로 뭔가 문제가 생긴 것을 느꼈다. 자초지종을 들어보니 다른 사람의 신분증을 제시하고 술집에서 술을 마시다가 단속에 걸린 것이다. 보호관찰 중에 이런 일이 생겼으니 당연히 다시 재판을 받게 되는 것이 두려워 자신을 잘 알고 도움을 줄 수 있다고 생각한 따따이에게 연락한 것이다. 그래서 작년 8월 둥지를 퇴소한 후 처음으로 따따이와 인혜는 다시 만났다. 만나 보니 전화로 들은 내용보다 더 심각한 상황이었다. 그동안 아빠와의 관계는 더 악화되어 반복된 가출로 학교도 그만 두고 바깥에서 비행 교우들과 어울리며 등과 어깨, 다리 등에 문신을 새겼고 사고를 치고 있는 중이었다. 인혜가 말한 법원에 올라온 사건은 이에 비하면 극히 사소하다고 할만큼 상황은 안 좋았다. 무엇보다 연락하기 며칠 전에 일어난 강도상해건으로 동래경찰서에서 조사를 받은 것은 염려되는 상황이었다. 친구들과 새벽까지 술을 마시다가 평소 자신들을 욕하던 친구가 생각나 새벽 3시에 그 집을 찾아가 행패를 부리며 집단 폭행을 가하고 패딩잠바 등을 빼앗아 온 것이었다. 결국 인혜는 이전 사건으로 먼저 재판을 받다가 분류심사원에 위탁되었고, 며칠 후 강도상해건의 공범들은 경찰조사 중 구속되어 유치장에서 다시 구치소에 수감되었다. 인혜의 국선보조인을 맡게 된 따따이가 분류심사원에서 생활 중인 인혜가 염려되어 친구들의 구치소 수감 사실과 상황의 심각성을 알리자 "괜찮아요. 나는 여기 있잖아요. 그동안 재판 끝내고 나가면 되죠"라며 쉽게 대답하는 여전히 자기중심적인 인혜를 보자 복잡한 마음이 들었다. 사태의 심각성을 모르는 모습에 화가 치밀기도 했다.

  인혜의 기대와 달리 추가 강도상해사건은 소년형사재판으로 진행되었고, 인혜는 장기 8년 단기 4년이라는 무거운 검사의 구형을 받았다. 따따이가 맡은 주민등록법위반 사건으로는 사회내처우로 보호관찰을 받는 가벼운 처분으로 먼저 끝이 났지만, 선고심리를 앞두고 있는 형사사건으로 법정에서 나오자마자 복도에서 기다리던 법원 직원들에 의

해 인혜는 구치소에 수감되었다.

"니 인생 니가 알아서 살아라. 개 같은 년아!"라며 아이에게 막말을 쏟아내는 아버지, 아무 말도 못하고 물끄러미 인혜를 바라보다 폰을 쳐다보며 만지작거리고 있는 언니, 이젠 마음마저 접었는지 법정에 오시지도 않은 할머니. 불안에 떨며 굵은 눈물만 뚝뚝 흘리는 인혜에게 따따이가 다가갔다. 그리고 호송을 하려는 직원들에게 부탁을 했다. "저기 선생님들, 죄송하지만 수갑은 안 채우고 가면 안될까요? 수칙은 알지만 아이가 도망갈 염려는 없으니 부탁드립니다"라는 따따이의 말을 들은 직원들은 단단히 채웠던 수갑과 묶었던 호송줄을 조용히 풀어주었다. 인혜는 더 서럽게 눈물을 흘렸다. 따따이는 조용히 인혜를 다독여 주며 앞으로 남은 재판을 잘 받고 자신의 마음과 생각을 잘 지켜가길 부탁했다. 그리고 인혜는 여전히 욕설을 쏟아내고 있는 아버지와 폰을 들여다보다 무심히 자신을 쳐다보는 언니 앞을 지나 복도 끝으로 사라졌다.

"인혜는 그 길을 걸으며 무슨 생각을 했을까? 지금쯤 구치소에서 어떤 시간을 보내고 있을까? 이번 사건의 판결은 어떻게 날까?"

지친 마음으로 집으로 돌아온 따따이는 인혜의 생각에 무거운 마음으로 밤새 뒤척였다. 자신의 일도 아닌데. 자신의 딸도 아닌데.

세상에 나쁜 개는 없다

"판사님! 이 아이는 안 됩니다!"

조용하고 엄숙하게 진행되던 법정 안이 갑작스레 어수선해졌다. 갑자기 소리를 친 사람은 다름 아닌 법정 뒤편에서 조용히 지켜보고 있던 소년원 교사였다. 재판을 진행하던 판사님은 당황하며 "무슨 일입니까?"라고 물었다.

"이 아이는 지난 4주간 임시 위탁된 가운데 태도가 정말 안 좋았습니다. 벌점이 17점이나 됩니다. 지금까지 이렇게 많은 벌점을 받은 아이는 없었습니다. 이런 아이를 그냥 집으로 돌려보낸다면 우리 소년원 교사들은 계속 아이들을 지도하기가 더 어려워질 것입니다"

"아니, 아무리 그렇더라도 그런 문제로 아이를 소년원에 보낼 수는 없는 것 아닙니까?"

"저희는 아이가 반성의 태도나 개선의 여지가 없다는 점을 강조해 말씀드린 것이니 참고해서 판결해주시기 바랍니다"

소년원 교사의 말에 아무 말 없이 고개를 푹 숙이고 눈물만 떨구고 있는 진화는 4주 전 이 자리에서 재판을 받던 중 임시 위탁되어 분류심사원에서 생활하다 오늘 다시 최종 처분을 받기 위해 법정에 섰다. 그런데 소년원 교사가 처분권한을 가진 판사에게 이렇게 자신에게 불리한 이야기를 전달하고 있으니 엄청난 불안감이 엄습해 왔다.

'나는 왜 자꾸 일이 이렇게 꼬이지?'

진화의 머릿속은 복잡해지기만 했다. 사실 재판을 받는 사건도 생각과 달리 일이 생긴 것이다. 친했던 친구들끼리 뒷담화를 한 것이 화근이 되어 사소한 오해가 생겼고, 이를 사과 받고 화해하려고 만난 것인데… 실수했던 친구가 끝까지 발뺌하며 사과하지 않았다. 나름 정의감에 사로잡힌 진화는 그 친구의 비겁한 행동에 순간적으로 화가 나서 폰을 빼앗아 바닥에 던졌는데 그 친구가 막말을 하며 대들었다. 그때 함께 있던 다른 친구들도 가세해 일이 커졌고 폭행까지 한 것이다. 이 일로 학교폭력자치위원회가 열려 학교까지 퇴학을 당했고 재판을 받게 된 것이다. 물론 어떤 이유에든 친구에게 폭행을 가한 것은 틀림없는 잘못이었다.

'그때 조금만 참을걸…' 후회해도 이미 엎어진 물이다. 다행히 폭행을 당한 친구의 부모님이 용서를 해주시고 합의를 해주셔서, 이제 소년원 내 분류심사원의 지긋지긋한 시간을 마치고 집으로 돌아갈 것을 기대하고 있었는데 생각지도 못한 일들이 갑자기 일어난 것이다.

오늘 아침 밥을 먹은 후 답답했던 소년원에서 법원을 향해 오던 호송차 안에서 느낀 바깥 공기는 진화에게 너무도 신선했다. '다시는 이런 곳에 오지 말아야지'라는 결심으로 본 창문 밖 세상은 새롭기만 했다. 진화는 사소한 것의 소중함을 너무도 절실히 알게 되었다. 평소에는 별 것이 아닌데 소년원 안에서는 화장실, 샤워장 가는 것도 허락을 받아야 하고 시간이 정해져 있어서 불편함이 많았다. 무엇보다 4주 간 하루도 빠지지 않고 면회를 와준 아빠에게 감사하고 미안한 마음이 들었다. 암 투병으로 7년간 고생하던 엄마가 5년 전에 돌아가신 뒤에 진화와 쌍둥이 여동생들을 챙긴다고 수고하신 아빠였다. 무뚝뚝한 성격이라 애정도 힘든 마음도 잘 표현하지 않던 아빠가 그 동안 부족했던 미안한 마음에 매일매일 면회를 와서 우시는 모습을 보고 진화는 많이 놀랐고 자기 마음을 잘 헤아려주지 않는다고 혼자 서운해 했던 것이 죄송스러웠다. 그래서 더 많이 반성하고 잘하리라 결심을 했었다.

"재판장님! 우리 진화가 평소에도 자기주장이 강하고 표현을 다소 거칠게 하는 경향이 있습니다. 절대 반성을 안 한 것이 아닙니다. 부족한 저를 닮아서인지 잘 표현하지 못해서 잘못 비춰진 것 같습니다. 절대 나쁜 아이가 아닙니다. 앞으로 가정에서 잘 지도하겠습니다"

진화의 아버지가 눈물로 호소했지만 소년원 선생님들의 단호한 입장은 변하지 않았고 판사님의 고민은 깊어가는 듯 했다. 결국 진화는 자신의 행동을 반성하지 않는 태도를 보인 보고에 따라 더 중한 처분을 받게 된 안타까운 상황이었다.

"이 아이에 대한 보조인의 생각은 어떻습니까?"

깊은 고민을 하던 판사님이 국선보조인으로 참석하고 있는 따따이에게 물었다.

"저 역시 진화 아버지 말씀에 동의합니다. 아이의 특성이 좀 강하게 보일뿐 특별한 문제 행동을 하거나 반성하지 않는 것은 아니라고 생각합니다. 다만 표현이 부족하고 처음 위탁된 가운데 적응하는데 따른 어려움에 잦은 실수를 한 것으로 보입니다"

"그럼 이 아이는 어떤 처분이 적절하다고 생각합니까?"

"저는 가정으로 보내도 무방하다고 봅니다. 사건의 피해자와는 원만히 합의를 했고, 이번 위탁 기간 동안 보호자와의 관계도 많이 개선되었습니다. 다만 보호자의 양육을 돕기 위해 위탁보호위원이 함께 챙기면 좋을 것 같습니다"

"예. 그렇지만 지금 학교도 안 다니고 보호자의 양육 환경이나 관계를 고려할 때 바로 집에 돌려보내는 것은 어려울 것 같습니다. 저는 둥지센터에 보내서 보호자 대신 소년을 좀 더 집중적으로 양육하고 회복하는 것이 필요해 보입니다. 사실 소년원 선생님들의 의견이 있기 전부터 이렇게 고려하였는데… 아이를 소년원 보내기는 가능성이 어느 정도 있는 아이라 좀 아까운 생각이 드네요"

"그런 점은 저도 동의합니다"

"예, 그럼 아이를 맡아주시기 바랍니다. 이제 처분하겠습니다. 보호소년 김진화에 대해서는 1호 보호자 부 김기현과 신병인수위탁보호위원 임윤택(둥지청소년회복센터)의 감호에 위탁합니다. 그리고 40시간의 수강명령과 80시간의 사회봉사 및 5호 장기 보호관찰 받을 것을 명합니다"

판결이 내려지는 순간 진화는 겨우 작은 숨을 내쉬었다. 혹시나 정말 소년원에 보내지는 건 아닌가라는 불안감이 사라진 때문이리라. 법정을 나오자마자 진화는 복도에 털썩 주저앉아버렸다. 너무 긴장했던 나머지 다리 힘이 풀려버린 것이다. 그리고 반성하고 있는 자신의 진심을 몰라주는 것이 서러워서인지 한참을 울었다. 진화 옆에서 아버지는 딸의 등을 가만히 쓰다듬어 주고 있었다.

"아빠. 죄송해요"
"아니야. 진화야. 아빠가 미안하다"
"저 이제부터 정말 잘할게요"
"그래. 아빠는 진화를 믿는다"

"진화야! 이제 국선보조인이 아닌 센터장으로 너와 함께 하게 됐네. 앞으로 잘해보자"
"예, 감사합니다"

진화는 자신의 국선보조인이었던 따따이와 소년원에서 재판 준비를 위한 접견으로 세 번 정도 만났었다. 그래서 자신의 상황과 심정을 누구보다 더 잘 이해해주리라 생각했다. 법정 밖에서 자신의 처분을 설명 들으며 담담히 받아들이면서도 서러워서 다시금 눈물이 났다. 진화와 아버지는 청소년회복센터 처분에 대한 설명을 들은 후 한결 더 밝아진 표정이 되었다.

"진화야. 설명을 들어보니 집에서 생활하는 것보다 더 나을 것 같다. 아빠가 자주 면회갈게"

"매주 면회와야 돼"

"그래. 동생하고 같이 갈게. 우리 가족식사하자"

"응, 안녕. 아빠"

진화는 그렇게 아빠와 인사를 나누고 국선보조인 아니 따따이에게로 다가왔다.

세상에 나쁜 아이는 없다. 다만 순간적으로 나쁜 행동을 하는 아이가 있을 뿐이다.

따따이생각_2

둥지친구들은 변하나요?

　아이들은 잘 변하지 않습니다. 경찰 조사를 받거나 재판이 진행 중일 때는 일시적으로 긴장을 하다가도 시간이 조금 지나면 언제 그랬냐는 듯 문제성 있던 이전의 모습으로 돌아가곤 합니다. 재판을 다시 받는 아이들을 만나면 "생각이 짧았어요. 안 그럴려고 했는데 순간적으로 그만. 다시는 안 그럴게요. 이번 한 번만 더 기회를 주세요"라는 말을 많이 듣습니다. 물론 그 아이는 지난 재판에도 똑같은 말을 했다는게 안타까울 뿐입니다. 경찰 조사나 재판을 받는 것으로 또는 둥지생활 몇 개월에 아이들이 변하지는 않을 것입니다. 하지만 눈에 보이지 않게 조금씩 자라고 있다고 믿습니다. 우수하거나 일반적인 청소년들을 기준으로 한다면 더딘 속도로 가듯 보이지만 아이들은 분명 자라고 있습니다. 무단결석하던 아이가 학교도 잘 가고, 읽지 않던 책도 일주일에 한 권씩 읽고 감상문을 쓰기도 하고, 생각 없이 저지르던 비행에 대해 경각심도 갖기도 합니다. 다만 제 눈에 보이게 드러나는 말과 행동이 달라져 보이지 않기 때문에 스스로 한계를 느끼고 힘들기도 합니다. 어느덧 둥지센터를 운영한지 8년. 강산도 변한다는 10년 가까운 시간을 지나고 보니 스쳐간 아이들이 자라서 성인이 되고 결혼도 하고 아기엄마가 되어 있기도 합니다. 긴 세월을 두고 돌아보니 눈에 보이지 않지만 자라고 있었습니다. 다만 어른들에게 필요한 것은 기다림이 아닐까 싶습니다. 성공담을 말하기는 이를 수 있겠지만 지금 보이고 있는 작은 변화는 실로 작은 기적이라 할 수 있을만큼 대단한 것입니다. 그래서 소망이 있고 기대가 됩니다. 그리고 무엇보다 가장 많이 변화된 것은 저 자신이라고 할 수 있습니다. 저의 부족함을 깨닫고 성숙해가는 시간이었습니다. 제가 변하니 아이들이 다르게 보입니다.

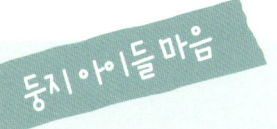

둥지를 퇴소하며

처음 둥지에 오고 적응도 빨리 하지 못했고 많은 사람들과 함께 지낸 게 처음이라 어색했습니다. 내가 둥지에 오지 않고 다른 곳에 갔다면 또 어땠을지 모르지만 둥지에 와서 그래도 학교도 잘 다니고 졸업도 무사히 할 수 있게 되었습니다. 만약 밖에 있었다면 고등학교도 졸업 못하고 후회를 엄청 하고 있었을텐데 (둥지에 있어서) 졸업할 수 있게 됐고, 밖에서 생활 패턴과 좋지 않던 생활들을 하지 않게 됐습니다.

처음에는 모든게 어색해서 불편했는데 둥지에서 생활하는 동안 즐거웠고 많은 추억을 만들 수 있어서 좋았습니다. 많은 애들을 만나서 같이 살아가는데 살아온 환경도 다르고 모든게 달라서 이해하면서 살았고 집으로 돌아가서도 부모님을 이렇게 이해하면서 살아야겠다고 다짐했습니다.

둥지에 사는 동안 싫은 것보다 즐거웠고 편했습니다. 진짜 집이라 생각하고 지내다보니 벌써 퇴소하는 날이 와버렸습니다. 매주 일요일 예배 드리는 것도 생각날 거 같고, 다 같이 앉아서 텔레비전 보는 것도 생각날 거 같고, 앉았다 일어났다도 생각날 거 같습니다. 처음엔 싫었던 모든게 지금은 추억이 됐습니다. 지난 6개월 동안 많은 것을 배우고 둥지에 많은 정이 들었습니다. 더 있고 싶습니다. 너무 아쉽고, 갑자기 이걸 쓰려니 실감나서 슬픕니다. 너무 감사합니다.

2020년 12월

이 ○ ○

Episode 3

평범하게
살아봤어야
평범하게 살지

> "저, 이제부터 정말
> 평범하게 살고 싶어요.
> 다른 아이들처럼
> 교복 입고
> 학교 다니고 싶어요"

오늘부터 1일

"따따이, 저 연장하면 안돼요?"

"지난 주까지만 해도 퇴소 며칠 안 남았다고 좋아서 날짜까지 세고 있더니"

"그냥요…"

이제 퇴소를 2주일 앞둔 민서가 심각한 표정으로 따따이에게 말을 건넸다.

"왜? 무슨 일 있니?

"아뇨…"

아무래도 심각한 문제가 있는 것을 눈치챈 따따이가 별님에게 민서와 얘기를 나눠보라고 시켰다. 그날 저녁 별님에게 민서의 상황을 들은 따따이는 마음이 너무 아팠다.

민서는 가출한 상태에서 편의점에서 담배를 훔치는 남자 친구 옆에 있다가 공범으로 재판을 받아 6개월 전 둥지로 왔다. 부모님의 이른 이혼 후 살길이 막막한 아버지는 3살짜리 어린 민서를 시골 할머니집으로 보냈고 그곳에서 생활하며 성장했다. 민서가 초등학생 때 삼촌에게 성추행을 당한 후 너무 무서워서 할머니에게 말했는데, 그 말을 들은 할머니는 "가족끼리 문제를 만들면 안된다"며 오히려 민서를 단단히 이르고 입막음을 했다. 고통스럽게 성장하던 민서는 중학교 1학년이 되어서야 아버지가 재혼을 하면서 다시 부산으로 오게 되었다. 아빠와 함께 살게 되었다는 기쁨은 잠시, 새 엄마와 이제 막 태어나 백일도 안된 동생 사이에 민서가 끼어들 틈은 없어 보였다. 눈치가 보여 집안일도 돕고 동생 기저귀도 갈아주고 함께 놀아주면서 잘 지내려고 했는데, 밤에 잠을 잘 때 민서의 몸을 만지는 아빠의 손길은 너무 낯설고 두려웠다. 몸부림을 치는 척하면서 몇 번을 뿌리치기도 했지만 그럴수록 더 아빠의 손은 민서의 몸을 조여 왔다. 그러던 어느 날 아빠와 새 엄마가 자신 때문에 심하게 다투는 것을 보고는 바로 집을 나와버렸다. 그렇게 준비도 안된 가출 생활은 힘들기만 했다.

"왜 내 인생은 이런 거지?"

민서는 가족이 아니 자기편이 아무도 없는 것 같았다. 자신에게 못된 짓을 한 삼촌도, 말리지 않고 삼촌편만 들었던 할머니도, 아빠는 도대체 어떻게 사는지 연락도 없고, 생각할수록 답답하기만 했다. 그래도 내 편이 되어주고 자기 말을 들어주는 옆에 있는 남자친구 현우를 많이 의지했다. 현우도 부모님의 이혼 후 술 마시고 자신을 폭행하는 아버지를 피해 가출한 때문인지 둘은 금방 마음이 통해 함께 지내고 있었다. 현우가 오토바이 배달 아르바이트를 하고 민서는 가끔 고깃집 서빙을 하면서 돈을 벌어 지내고 있었다. 그러던 어느 날 아르바이트를 하는 가게로 찾아온 친구들에게 팔짱을 낀 채 끌려가서 5일 동안이나 모텔에 갇혀 있었다. 민서의 폰과 계좌를 이용해 인터넷 사기 범죄를 저질렀고, 처음엔 거절했으나 계속 요구하며 압박해 하는 수 없이 응해주다가 아르바이트 가게 돈 받으러 간다고 하여 도망쳐 나왔었다. 하지만 사건에 공범으로 연루돼 재판을 받았는데 법정에 보호자도 없이 혼자 출석해 재판을 받게 되었다. 판사님은 마땅한 보호자의 역할을 할 사람이 없고 비행 교우들과의 관계를 차단할 필요를 느껴 둥지센터로 처분을 한 것이다.

이후 민서는 둥지에서 지내는 6개월 동안 누구보다 더 성실하게 생활을 했고, 평일에 아르바이트를 하면서 자신의 용돈을 마련해 국제금융고등학교 특별반에 입학해 학업도 유지하고 있었다. 하지만 그동안 보호자인 아버지는 용돈지원은 커녕 단 한 번의 면회도 오지 않았다. 오히려 민서가 아르바이트를 하면서 모은 돈을 자신의 사업을 위해 달라는 요구만 하였다. 정작 퇴소가 눈앞에 다가오자 민서는 집으로 돌아가기는 힘든 상황이고 혼자 생활하는 것도 아니라는 판단했다. 무엇보다 둥지에서 다듬어 온 생활 질서를 잃을 가능성이 크다는 판단에 자신의 미래를 위해 둥지 생활 연장을 희망하게 된 것이었다. 따따이는 강제적인 법원 결정이 아닌 스스로 자신의 미래를 위해 연장을 생각하는 것 자체가 엄청난 변화고 성숙의 증거라고 믿고 싶었다. 민서는 자기 생각을 적어서 판사님께 전달하기로 했고, 따따이는 민서의 의견을 존중해 법원에 위탁 연장을 신청하기로 하였다.

판사님! 기억하실지 모르겠지만 저는 지금 둥지센터에서 6개월 동안 지내고 있는 민서입니다. 아빠와 새 엄마와의 문제로 가출을 시작한 뒤로 힘든 시간이 많았습니다. 하지만 판사님께서 저를 둥지로 보내주셔서 졸업장도 따고 아르바이트를 하면서 돈도 모으고 있습니다. 외박 때도 집에 못 갔고 부모님이 면회를 한 번도 안 오고 있습니다. 퇴소할 때가 다 되어 여러 가지 문제로 함께 의논했는데 집에 가더라도 다시 외로워서 또 가출할 수 밖에 없고 다시 사고치지 않고 잘 견뎌낼 수 있을지 걱정이 됩니다. 집에서는 혼자인데 여기 둥지에는 함께 지내면서 배워야 할 것도 많고 돌봄을 받으면서 생각도 깊어지고 성숙해지는 것 같습니다. 연장신청이 가벼운 마음은 아닙니다! 많은 생각을 했는데 이게 맞는 선택인 것 같습니다. 이제 비행하는 것에서 벗어나고 싶습니다. 이번에 연장을 허락해주시면 더 열심히 생활해서 혼자 살아갈 준비도 하고 믿고 기회주시는 분들께 실망시키지 않게 노력하겠습니다. 자랑스런 둥지 딸이 되겠습니다. 판사님께서 저의 의견을 잘 생각해주셔서 허락해주시면 좋겠습니다.

오늘부터 다시 1일. 조금 전 법정에서 판사님의 허락으로 민서는 둥지에서 더 지낼 수 있게 되었다. 판사님이 다시 민서의 생각을 확인하기 위해 질문을 던졌을 때도 자기 생각을 분명하게 말씀드렸다. 하지만 마음 한편은 불편함이 있었다. 다른 아이들처럼 퇴소만 손꼽아 기다렸는데 자신의 문제가 아닌 부모님의 사정으로 어쩔 수 없이 이 곳에서 계속 생활해야 하는 것이 싫었다. 그렇다고 둥지가 싫은 것은 아니지만 자신도 다른 아이들처럼 돌아갈 가정과 부모님의 품이 있었으면 하는 아쉬움일 것이다.

따따이는 법원을 나서면서 원하던 대로 둥지에서 더 생활하게 되었지만 마냥 축하만 할 수 없는 민서를 격려하기 위해 근처 식당으로 갔다. 조금 이른 점심 식사를 하는 중에 따따이에게 법정으로부터 급한 연락이 왔다. 지금 진행 중인 사건의 아이가 둥지센터 처분이 불가피하다는 것이었다. 그래서 식사를 채 마치지 못하고 따따이는 급히 법정으로 달려갔다.

소년재판이 열리는 255호에 들어서자 아직 재판이 진행 중이었다. 어려보이는 한 아이가 앉아 있고 뒷자리에는 아빠와 엄마로 보이는 두 사람이 멀찍이 떨어져 앉아있었다. 왠지 모를 냉랭함이 법정에 흐르고 있었다.

"아이의 보호를 생각하면 여러 가지 우려되는 부분이 있는데 아버지 생각은 어떤가요?"

"그게 무슨 말입니까? 다음 달에 다 해결된다니깐요"

"어머니 생각은 어떠세요?" 판사님은 이번에 고개만 숙이고 있는 아이의 어머니에게 물었다.

"아이가 이전보다 점점 망쳐지고 있는 것 같아 미안한 마음이 큽니다. 그런데 제가 지금 키울 형편이 안됩니다. 하지만 맨날 술을 마시는 아빠하고는 더 못 살겠다고 하니 지금으로서는 어떻게 해야할지 모르겠습니다"

"그게 무슨 말이냐? 내가 왜?"

술이 아직 안 갠 건지 알 수 없는 말을 내뱉는 아버지를 신경질적으로 쩌려보고 있는 아이에게 판사님은 조용히 물었다.

"유진이 너 생각은 어때?"

"저는 어디든지 괜찮아요... 집만 아니면"

나직막하지만 단호한 아이의 대답에 다시 알 수 없는 말을 중얼거리는 아버지와 고개를 떨구며 눈물 짓는 어머니를 지켜보던 판사님은 처분을 내렸다.

"그래, 나도 그게 좋겠다. 그럼 둥지청소년회복센터로 위탁하고 보호관찰은 따로 안 붙일테니깐 여기서 가출하거나 문제를 일으키면 안 된다. 알겠지?"

"예, 감사합니다"

"센터장님! 아이가 이제 초등학교 6학년인데 상황이 여의치 않아 둥지로 보냅니다. 미리 연락을 못 드려서 죄송하지만 아이를 잘 부탁합니다"

그렇게 둥지에 들어온 초등학교 6학년 유진이. 민서와 함께 차를 타고 둥지로 오는 동안 유진이는 오히려 고민이 없어졌다는 듯 태연하게 표정이 밝다. 다시 둥지생활을 시작하는 민서, 둥지의 첫 날을 맞는 유진. 모두에게 회복과 성장이 있는 둥지이길 따따이는 기도했다.

명절이라 더 슬픈 날

"다녀오겠습니다"

"감사합니다! 다녀오겠습니다"

두 손에 용돈까지 받아든 둥지의 아이들은 잔뜩 신나서 온 골목이 시끄러울 정도로 목소리 높여 인사를 하고 몰려 나갔다.

오늘은 추석, 우리 민족 최대의 명절이라 즐겁기도 하지만 연휴에 주어진 꿀 같은 3일간의 특별 외박이 주어진 것이다.

사실 둥지는 며칠 전부터 들떠 있었다.

"해리야! 넌 이번에 어디 갈거야?"

"난 아빠하고 서울 큰 아버지집에 갈건데"

"야! 서울엔 차도 막히고 너무 먼데 어떻게 가냐? 그냥 우리끼리 모여서 놀자"

"그래도 이번엔 오랜만에 아빠랑 같이 가기로 약속했어. 무엇보다 거기 가면 용돈을 많이 줘서 좋아! 이번에 받는 용돈으로 신발 살거야. 봐둔게 있거든"

"좋겠다. 난 친척들 다 모여도 용돈 주는 사람이 별로 없는데…"

"난 지난 설날에는 50만원 넘게 받았어"

"진짜~~ 와 대박이다. 난 10만원도 못 받았는데…"

아이들의 수다에 끼지 못하고 한 쪽에서 조용히 옷장만 정리하고 있던 하영이에게 주희가 물었다. "하영아! 넌 뭐할거니?" "너도 친척들 만나러 갈거야?"

"어디?" "그냥 여기저기"

아이들이 다 떠나간 뒤 시끌벅적하던 둥지는 너무도 조용했다. 따따이와 별님은 이렇게 조용해진 둥지가 어색한 듯 물끄러미 아이들의 방 안을 살펴보고 있었다. 조금 뒤 하영이가 둥지에 들어오다 따따이와 눈이 마주치자 놀란 듯 했다.

"왜? 다시 왔어?"

"아뇨, 뭘 깜빡하고 안 들고 가서… 챙겨갈려구요"

"그래, 며칠 있을건데 잘 챙기거라"

한참을 자신의 서랍장 앞에서 주섬주섬 챙기던 하영이가 조심스레 물었다.

"별님, 저 이번 명절에 그냥 둥지에 있으면 안돼요?"

"왜 무슨 일 있니?"

"아뇨. 그냥 몸이 안 좋아서요"

그리고 가만히 떨구는 얼굴에 눈물이 조용히 흘러내렸다. 무슨 일이 있는 게 분명한 것을 눈치 챈 별님이었다.

"왜 아빠랑 뭔 일이 있어?"

"바쁘데요. 그래서 이번에 만나기 어렵다고…"

사실 하영이는 아빠를 제외하면 찾아갈 집도 부모도 친척도 없었다. 그 아빠마저 교도소에서 3년간 복역을 하다가 2개월 전 가석방되어 나왔는데 서너번의 전화통화 외엔 찾아오지도 않았기에 만나지도 못했다.

"어떻게 제가 여기 있는 걸 알면서도 한 번도 안 찾아올 수가 있어요? 우리 아빠 진짜 너무 하지 않아요? 아마 바빠서 그럴거예요. 요즘 직장 알아본다고 바쁘다고 했어요. 다음 주에는 오겠죠?"

하영이의 마음은 수 없이 요동치며 아빠를 그리워했다. 하영이가 2살 때 엄마는 아빠의 심한 학대와 가정 폭력을 견디지 못하고 집을 나갔고 할머니 손에 키워졌다. 점점 알코올중독 증세가 심해진 아빠는 술만 마시면 괴물로 변해 사람들과 시비가 붙고 싸움을 해 문제를 일으켰다. 결국 명절에 친척들이 다 모인 자리에서 술 취한 아빠의 소동으로 난리가 났고, 그 자리에 있던 친척뿐만 아니라 말리던 할머니까지 폭행해 존속폭행으로 교도소까지 가게 된 것이다. 남들이 손가락질 하고 온 집안 친척들이 등을 돌린 망나니처럼 지낸 아빠지만 하영이에게는 유일한 혈육이고 보호자였기에 늘 그리움의 대상이었다. 그 아빠가 교도소에서 나왔는데도 찾아오지 않아 서운 할만도 한데 하영이는 덤덤히 이해하려고 노력하는 모습을 보였다.

그리고 이번 추석 때 몇 년 만에 아빠를 만날 수 있다는 기대를 했는데 오늘 아침에 그 기대가 무너지게 된 것이다. 몇 번을 전화했으나 받지 않자 당장 갈 곳도 만날 사람도 없어 30분이 넘게 골목에 쭈그리고 앉은 채로 아빠에게 계속 전화를 했다. 겨우 연결된 전화였는데 명절에도 일을 해야 하기에 바빠서 만날 수 없다는 말에 온 몸에 힘이 빠진 채로 다시 둥지로 들어온 것이었다.

별님은 하영이를 위해 명절 음식을 담은 점심식탁을 차리며 물었다.
"하영아! 너 전에 사상에 할머니 사신다고 하지 않았니?"

"예, 근데 아빠 교도소 가신 후에는 한 번도 간 적이 없어요. 연락도 못했고"

"그럼 지금 전화해 볼래? 그래도 명절인데 잠시 인사라도 하고 오는 건 어때?"

"그럴까요? 제가 가는 거를 별로 안 좋아하실 수도 있을 것 같은데…"

"아냐. 그건 네 생각이고, 할머니가 손녀 오는데 당연히 반가워하시지. 한번 연락해보자"

"그럴까요?"

"할머니! 오늘 뭐해요?"

"그냥요, 좀 있다가 인사하러 갈게요"

"예. 알겠어요"

아까보다 더 밝은 모습으로 전화를 마친 하영이에게 별님이 물었다.

"뭐라고 하셔?"

"알았다고 오래요"

저 멀리 할머니집이 보이자 하영이의 가슴은 꽁닥꽁닥 뛰었.

'오랜만에 나를 보면 뭐라 하실까?' '혹시 사촌이나 조카들이 와 있는 건 아닐까' 복잡한 생각이 들었지만 허벅지와 팔뚝에 있는 문신은 왠지 싫어하실 것 같아 옷을 애써 당겨 입으며 한 걸음 한 걸음 다가갔다. 너무 긴장되어 바로 옆 골목에서 숨을 고르며 담배를 한 개피 물었다. 그리고 길게 담배연기를 내뿜다가 연기 너머로 점점 뚜렷하게 보이는 얼굴로 인해 숨이 멈추는 듯 했다. 아빠였다.

"아… 빠… 여기 어쩐 일이야?"

"그냥. 너는?"

"나는 할머니께 잠시 인사라도 하려고 왔지? 아빠 오늘 바쁘다면서?"

"아빠도 급하게 와서 인사만 하고 지금 가던 길이다"

하영이는 아빠를 만나면 그렇게 하고 싶은 말도 많았는데, 막상 이렇게 만나니 머리가 하얗게 변해 아무런 말도 떠오르지 않았다.

"너 허벅지와 팔에 그 문신은 뭐냐?"

"이거… 뭐… 그냥…"

"야~~ 이 가시나 봐라. 어깨에도 그림이 있네"

"아니… 곧 다 지울거야"

"돈 들여서 새기고 뭐 하려고 또 돈 들여서 지우냐. 그냥 놔둬라. 이쁘네"

"어… 어… 그럼 그냥 놔둘까"

"그래, 들어가봐라. 할머니 기다리시겠다. 아빠 간다"

그리곤 아빠는 말없이 사라져 갔다. 하영이는 아빠의 익숙한 뒷모습에 괜히 서러움이 북받쳤다. 하영이는 늘 자신을 놔두고 떠나가기만 하던 아빠의 뒷모습이 너무 싫었다.

'잘 지내냐고 한번 물어봐주면 어디가 덧나나? 이쁘게 컸네라며 한번 안아주면 지금까지 나에게 잘못한 거 다 용서해 줄 수 있는데…'

할머니를 만나 잠시 인사만 하고 도망치듯 빠져나온 하영이는 길거리에서 가족들끼리 오손도손 손잡고 가는 모습이 너무 부러웠다. 지하철 안에서도 다른 가족들의 다정한 모습이 보기 싫어 눈을 감은 채로 이어폰을 끼고 음악을 들으며 둥지로 돌아왔다.

그리고 따따이와 별님에게 자랑했다.

"저 오늘 할머니집에 가서 인사 잘하고 왔어요. 가길 잘 한 것 같아요. 그리고 할머니집 앞에서 아빠도 만났어요. 정말 오랜만에 만나 너무 반가웠어요. 아빠가 곧 면회 오기로 약속도 했어요. 용돈도 주시는데 제가 안 받았어요. 맛있는 음식을 많이 먹어서 배도 안 고파요"

하영이는 그렇게 잔뜩 자신의 희망사항을 주저리주저리 얘기했다. 그리고 조금 뒤 혼자서 라면 2개를 끓여서 김치와 최대한 맛있게 먹어치우면서 속으로 울었다.

'다음 명절에는 괜찮아질거야'

평범하게 살아봤어야 평범하게 살지

―――

"결국 저는 제가 누릴 수 있는 모든 것을 저버리고 말았어요. 쓸데없는 반항 한 번 해보려고 저에게 주어진 것을 다 포기해 버렸어요. 지금 저는 그저 감사하다는 말이 하고 싶어서 쓰는 거예요. 이 편지를"

여름이 지나고 서늘한 가을이 오는 듯하다. 제법 시원해진 바람이 마음까지 상쾌해지려는 오후 따따이에게 한 통의 편지가 왔다. 작년 10호 처분을 받고 소년원에 가 있는 희진이로부터 온 편지는 이렇게 시작하고 있었다. 반가운 마음에 마구 읽어 내려가다 수많은 생각이 스쳐 가기에 따따이는 살짝 두 눈을 감았다.

희진이는 초등학교 2학년 때 부모님이 이혼하면서 누가 책임지고 키울 수 없어 보육원에 맡겨졌다. 중학생이 되어 보육원 생활에 답답함을 느껴 순간적으로 가출했는데 그때 나쁜 오빠들을 만나 성폭행과 성매매로까지 이어져 한 번의 가출이 돌이킬 수 없는 지경에 이르게 되었다. 가출 후 갈 곳이 없는 희진이를 이용하려는 성매매 일당들에게 6개월 가까이 몸과 마음을 뺏기며 힘든 시간을 보냈다. 결국 희진이는 성매매로 인해 재판을 받아야 했고, 따따이가 희진이의 국선보조인이 되면서 처음 만나게 되었다.

"넌 왜 이렇게까지 힘들게 지내게 되었니?"
"그러게요. 그런데 엄마는 제가 어릴 때부터 몇 번이나 바람을 피우다가 아빠한테 걸려서 맞다가 서울로 도망갔어요. 아빠는 술만 마시고 살다가 알코올중독으로 정신병원에 입원해야 한다고 했구요. 그러다가 이혼하면서 저를 시설에 맡긴 거예요"
"그랬구나, 그 후에 거기서는 어땠어?"
"나름대로 힘들어도 잘 버티려고 했는데 언니들이 너무 힘들게 했어요. 너무 답답한 마음도 들었구요. 지금 생각하면 그때 좀 더 참고 지낼 걸 가출한 것이 후회가 돼요"
"그럼 가출하고는 어떻게 지낸거야?"

"저에 대한 소문을 다 들으셨죠? 근데 왜 그런 소문이 났는지 이유를 모르겠어요. 그냥 아는 사람들을 만나 숙식을 제공받으며 지냈었는데…"

희진이는 따따이에게 자신의 비행 특히 성매매 사실에 대해서는 소문이 잘못 난 것이라고 인정하지 않았다. 그렇게 재판을 기다리며 분류심사원에서 시간을 보내고 있는데 희진이를 면회와 주는 사람은 단 한 명도 없었다. 따따이가 일주일에 두 번 정도 면회를 신청해 잠시라도 편하게 먹고 싶은 간식을 마음껏 먹도록 해주었다. 그래서일까? 줄곧 자신의 비행을 부인하던 희진이가 재판을 일주일 앞둔 어느 날 따따이에게 자신의 이야기를 들려주었다.

"저 이제 솔직하게 털어놓고 싶어요. 사실은 가출 기간 동안 오빠들이 시켜서 성매매를 했었어요. 오빠들이 잡히면 안된다며 울산, 대전, 인천, 수원까지 데리고 다니며 시켰어요"

"왜 이제 사실을 말하는거니?"

"사실대로 말하면 소년원에 갈까봐 겁나서 거짓말 한거예요. 처분을 잘 받기 위해 거짓말을 했는데, 이젠 처분이 어찌 되든 사실을 이야기하고 용서받고 싶어요. 지금 생각하면 그 생활에서 빠져나오기 위해 고민을 많이 했는데 이렇게 잡히게 되어서 오히려 다행이라는 생각이 들어요. 그리고 지난번에 판사님께 보낸 편지에도 거짓말을 했는데 다시 써서 용서를 구하고 싶어요"

그리고 털어놓은 희진이의 생활은 생각했던 것보다도 더 충격적이었다.

"그 동안 성매매를 너무 많이 해서 횟수도 모르겠어요. 어떤 오빠는 하루 2~3회 정도 시켰고, 또 다른 오빠는 4~5회 정도 시켰어요. 가출한 7개월 중 5~6개월 정도 그렇게 성매매를 한 것 같아요"

"가출한 후 도움받기 위해 갈 곳도, 찾아갈 사람도 없었어요. 어떤 날은 정말 하기 싫어서 아무리 사정을 해도 계속 시켰어요. 딱 하루 제 생일날만이라도 안하게 해달라고 부탁부탁하여 겨우 그 날은 하지 않았어요"라며 참았던 울음을 터뜨렸다.

"저 이제부터 정말 평범하게 살고 싶어요. 다른 아이들처럼 교복 입고 학교 다니고 싶어요"라며 희진이는 울부짖었다. 속에서부터 끓어오르는 아픔과 고통을 누르느라 끄억끄억거리는 소리를 내뱉으며 희진이는 힘들게 자신의 이야기를 솔직하게 털어놓았다. 그리고 한결 편안해진 마음으로 "저 이제 10호 소년원 보내도 갈 마음의 준비가 됐어요. 그동안 잘 챙겨주셔서 정말 감사했어요"라는 희진이의 인사를 뒤로 하고 따따이는 분류심사원 철문을 나왔다. 돌아와서 판사님에게 제출할 의견서를 정리하는 내내 희진이의 "이제 평범하게 살고 싶어요"라고 울부짖던 그 울음 소리가 귀에 쟁쟁하게 울렸다.

드디어 재판 날.

"존경하는 재판장님! 소년은 책임지고 양육할 보호자도 없이 몸과 마음이 지친 상태입니다. 이제 평범하게 살고 싶어하는 소년을 위해 안정적인 환경 가운데 학력을 취득하고 자신의 행복한 미래를 열어갈 준비를 할 수 있도록 선처해 주시기 부탁드립니다"

따따이는 희진이를 위해 말했다. 판사님은 희진이의 진심으로 반성하는 태도를 보고 희진이가 둥지센터에서 지내도록 선처해 주었다. 누구도 예상하지 못한 판결이었다. 소년원에 갈 것이라고 생각했던 희진이도 따따이와 함께 둥지에서 지낼 수 있다는 말에 너무 좋아 몇 번이고 판사님께 인사를 했다.

희진이는 둥지에서 지내면서 중졸검정고시에 합격하고 아르바이트를 하면서 고등학교 입학을 앞두고 누구보다 열심히 생활했다. 그러던 어느 날. 아르바이트를 마친 희진이가 갑자기 사라져 버렸다. 2개월 정도 일한 월급을 들고 사라져 버린 것이다.

따따이가 몇 번이나 전화를 해도 받지 않는 희진이에게 메시지를 보냈다.

"희진아! 너 왜 이러니? 평범하게 살고 싶다고 했잖아? 교복 입고 학교 가고 싶어했잖아?"

한참 뒤에 따따이에게 답장이 왔다.

"씨발. 평범하게 살아봤어야 내가 평범하게 살지. 평범하게 살아보지 못한 나에게 뭘 더 원하는거야?"

그렇게 희진이는 둥지와 따따이를 떠나버렸다. 그리고 몇 개월 뒤 보호관찰위반으로 구인장이 발부된 상태에 서울에서 불심검문으로 붙잡혀 재판을 받고 그렇게 피하고 싶었던 10호 처분을 받아 소년원에 가게 되었다. 이제 일 년이 다 되어가는 때에 따따이에게 편지를 보내온 것이다. 다시 읽어내려 가는 희진이 편지에는 이렇게 쓰여져 있었다.

"그렇게 아껴주시고 믿어주시고 보살펴 주셨는데 제가 보여드릴 수 있는게 고작 이것 뿐이라서 죄송해요. (중략) 저는 왜 구제불능일까요. 이렇게 못되쳐 먹은 걸까요. 도대체 뭘 어떻게 해야 그만둘 수 있을까요. 뭐가 필요한 건지 무슨 방법을 써야 하는지 하나도 정말 하나도 모르겠어요. 너무 아프고 망가지고 힘들어서 정말 죽고만 싶어요. 뭐가 어디서부터 어떻게 잘못된 걸까요. 누구를 원망해야 하는 걸까요. 모르겠어요. 이렇게 힘든데 이렇게 아픈데 아무리 생각하고 쥐어짜 내봐도 모르겠어요. 정말 죽고 싶을 만큼 아파요 마음이. 원래 이렇게 쓰려던 게 아니었는데 말이 변해버렸네요. 저는 감사하다고 할랬어요. 감사하다고. 너무 고마웠어요. 진심이예요. 아빠. 사랑해요. 딸 희진이가"

평범하게 산다는 게 그렇게 힘들었을까? 따따이는 희진이의 편지에 마음이 무거워졌다. 갑자기 창문 밖엔 장대비가 내린다. 이 가을에 무슨 비가 장맛비처럼 내리는거야. 소리라도 지르고 싶었는데 유리와 길바닥과 부딪히며 쏟아져 내리는 빗줄기가 괜스레 고맙다. 라디오에선 마침 '위대한 약속'이라는 노래가 들려온다. 김종환이라는 가수가 그의 딸 리아킴에게 만들어 준 노래라는데 가사 한 절 한 절이 와 닿는다.

좋은 집에서 말다툼보다 작은집에 행복 느끼며

좋은 옷 입고 불편한 것 보다 소박함에 살고 싶습니다

비가 오거나 눈이 오거나 때론 그대가 아플 때도

약속한대로 그대 곁에 남아서 끝까지 같이 살고 싶습니다

위급한 순간에 내편이 있다는 건 내겐 마음에 위안이고

평범한 것이 얼마나 소중한지 벼랑 끝에 서보면 알아요

하나도 모르면서 들을 알려고 하다가 사랑도 믿음도 떠 나가죠

세상 살면서 힘이야 들겠지만 사랑하며 살고 싶습니다

위급한 순간에 내편이 있다는 건 내겐 마음에 위안이고

평범한 것이 얼마나 소중한지 벼랑 끝에 서보면 알아요

하나도 모르면서 둘을 알려고 하다가 사랑도 믿음도 떠 나가죠

세상 살면서 힘이야 들겠지만 사랑하며 살고 싶습니다

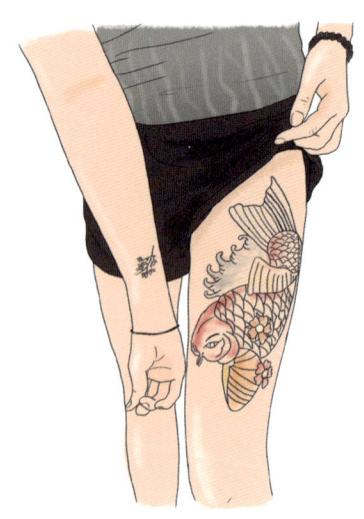

작은 기적의 무대, 둥지극단

"로미오! 당신의 이름은 왜 로미오인가요?"

"오우~ 베이비 꼼짝마! 성장하는 스타에게 무릎을 꿇게 할 순 없지. 와우! 통장 잔액까지 완벽해! 안녕하세요. 한국 연예계의 대모, 수잔나 예요"

"어머? 우리 처음 본 사이에요. 제가 그렇게 쉬운 여자로 보이나요?"

"니가 티파니냐? 이리와 봐라"

"어머 왜 이러세요! 이거 놓으세요!!"

"난 엄마 딸 자격 없는 년이다. 엄마 왜 이래 몸이? 나 때문에 이렇게 된거가? 엄마를 버리고, 엄마 아프게 한 이 못된 년을 속 시원해질 때까지 때리라! 왜 아무 말도 안하는건데 차라리 때리고 욕을 하란 말이다"

"점순아 잊지 않았지? 넌 지구상에 단 하나밖에 없는 사랑하는 딸 점순이다"

"엄마~~~~~"

이제 제법 배우 느낌이 나는 둥지 아이들. 각자 자신의 대사를 읊조리며 2주 뒤에 있을 둥지극단 정기공연 '엄마의 바다' 공연을 위해 열심히 연습 중이다. 공연의 연출을 맡은 김태연 단장님이 아이들과 2개월이 넘는 시간을 호흡을 맞추어 왔다.

이 공연이 있기까지 첫 시작은 김태연 단장님이었다. 아이들과 연습한 지 딱 두 번 만에 단장님이 따따이에게 놀라운 제안을 했다.

"따따이, 우리 둥지아이들로 연극 공연 합시다!"

"무슨 말씀입니까? 가능하겠습니까?"

"충분히 가능할 것 같습니다"

확실한 의지를 보이는 단장님에게 따따이는 공연이 어려운 몇 가지 이유를 댔다.

"우선 아이들이 대사를 외울 수가 없어요. 간단한 것도 암기하지 못하는데 연극 대사를 외울 수는 있겠습니까?"

"외울 수 있습니다. 그냥 외우는 것과 대사암기는 좀 다릅니다"

"그리고 배역을 정해 놓으면 뭐합니까? 언제 이탈할지도 모르는데…"

"오히려 연극 공연이라는 목표가 생기면 이탈 안 할 수도 있을 겁니다"

"무대에 서 본 경험이 없어서 정식 공연을 하기에는 무리가 있지 않을까요?

"압니다. 제가 둥지 아이들과 연습을 해보니깐 이 아이들만 가지고 있는 특별한 끼가 있어요. 다른 고등학교 연극부나 모임에서는 찾아 볼 수 없는… 뭔가 말로 표현하기 힘든 그게 있다니깐요. 한 번 해 봅시다"

결국 단장님의 설득을 따따이가 이길 수 없어 연극 공연을 하기로 하고 본격적인 연습 중이다. 처음에는 단순히 마음을 여는 시간으로 연극을 통해 자기를 표현하고 자신감을 불어넣어 주기 위한 출발이었다. 그동안 소외된 채 자기 표현에 서툴고 눈치를 보던 아이들이 자기들만의 무대에서 숨겨진 재능과 끼를 표현하기만 해도 대성공이었다. 하지만 아이들이 생각보다 더 적극적으로 반응을 하고 연기 감각도 점점 좋아지고 있었다. 특히 연극의 스토리가 비행과 범죄로 재판까지 받았던 자신들의 이야기라 둥지 아이들이 살아온 삶의 상황과 비슷한 내용(가족과 갈등, 가출, 연예인 지망 등)을 담고 있어서 더욱 와닿았다. 제목을 '엄마의 바다'라고 정하고 동일한 경험과 기억을 가진 가족과 친구, 지인들을 초대해 회복의 무대를 만들어 주기로 했다. 그리고 가족과 친구들을 불러 소박하게 하려던 공연이 아이들의 열심에 감동을 받아 더 제대로 된 무대를 마련해주고 싶은 마음에 '둥지극단'이라 이름을 정하고 정식 공연을 하게 되었다. 한 번도 주인공이 되지 못했던 아이들이 주인공이 되는 무대를 만들어 주고 싶은 따따이의 마음이었다.

연극 공연을 준비하면서 아이들이 많이 달라졌다. 이전에 비해 표정도 밝아지고 함께 생활하는 분위기도 좋아지고 서로를 배려하는 모습이나 작은 약속을 지키는 모습에서의 변화가 생겼다. 무엇보다 이탈하거나 무단가출하는 일이 없이 점점 더 하나가 되어가는 것을 느낄 수가 있었다.

"자, 잠시 쉬면서 간식 먹고 하자"
따따이의 양 손에 치킨이 들려 있었다. 치킨을 보자 무대에서 춤을 추는 장면을 연습하던 아이들이 마치 하이에나 무리처럼 달려들었다.
"얘들아, 이제 공연이 2주 남았는데 느낌이 어때?"
정신없이 치킨을 먹다가 어느 정도 먹는 속도가 줄어든 아이들에게 단장님이 질문을 던졌다.

"저는 지금까지 살면서 이렇게 열심히 뭔가를 해본 적이 없어요."

좀처럼 긍정적인 표현을 하지 않는 해리의 말에 모두 살짝 놀랐다.

"솔직히 처음에는 하기 싫은 마음이었는데 지금은 재미있어요."

좀 바보스러운 배역을 맡아 망가지는 연기를 해야 해서 불만이었던 가은이도 거들었다.

"저는 우리 둥지가 참 많이 성장한 것 같다는 생각이 들어요. 처음해 보는 경험이 익숙하지 않아서 어색한 점도 아직 있지만 이런 경험을 한다는 게 너무 좋아요." 주인공역을 맡은 초희는 마냥 들떠 있었다.

"그냥 작은 발표회 정도로 생각했는데 오늘 이렇게 음향과 조명까지 들어오니 제대로 뭔가를 하는 것 같은 생각이 들어요. 제대로 된 연기를 해야 할 것 같은 부담감이 팍 생겼어요."

"대사 잘 외웠다고 단장님께 칭찬을 들을 때 너무 행복했어요. 저는 제가 대사를 외우지 못할거라고 생각했거든요."

"저는 처음 하는 연극이 너무 좋고 재미있어요. 지금부터 2주 남은 연극 연습, 더 열심히 하고 뻔뻔하고 당당하게 무대에서 연극을 하고 뿌듯하게 연극을 마치겠습니다. 이런 기회를 주셔서 감사합니다~"

"우리가 이런 모습으로 연극연습하고 이런 말까지 하게 될 줄은 몰랐어요." 가끔 감정을 주체하지 못하고 분위기를 망쳤던 인혜는 자신이 한 말이 쑥스러운 듯 고개를 들지 못했다. 늘 폭력적인 성향의 인혜의 모습이 모두 어색한 듯 크게 웃었다.

"이제 다 먹었으면 연습할까?"

단장님의 말에 서로 눈치만 보며 미적미적거리고 있다.

"저… 아직 해결할 게 있는데…"

초희의 말에 단장님은 의아한 듯 되물었다.

"뭘? 아직 배고프냐?"

"아니. 그거 말고… 그러니깐…"

아이들의 요구가 뭔지 몰라 단장님이 어리둥절하고 있을 때 따따이가 아이들에게 말했다.

"딱 10분 시간 줄테니 다른 사람들에게 피해주지 않고 해결하고 와라. 올 때 냄새 풍기지 않게 깔끔하게 뒤처리하고"

"예!!!!!" 아이들은 모두 쏜살 같이 어디론가 사라졌다.

"애들이 어디 가는 겁니까?"

"식후땡 하러 갔습니다"

"식… 후… 땡…? 아~~ 이제 알겠습니다"

아직까지 담배를 끊지 못해 안달이지만 조금씩 자신의 인생에 변화를 만들어 내는 아이들이기에 가끔은 대견스럽기도 하다. 따따이는 지인들에게 연극 공연에 초대하는 문자를 보내면서 어떤 일이 펼쳐질지 기대가 됐다.

"이번 연극 공연에 좀 더 많은 분들이 관심을 가지고 오셔서 아이들의 작은 몸짓에 큰 격려를 부탁드립니다. 이러한 관심과 응원을 통해 비행(非行)청소년들이 이젠 새로운 모습으로 자신의 삶의 행복한 비행(飛行)을 하길 기대하며 초대합니다"

태풍이 지나가야

이른 시간일 수 있는 아침 7시. 별님의 전화가 울렸다.

"어머니. 왜 그러세요? 무슨 일이에요?"

전화기 너머로 알 수 없는 비명에 가까운 소리가 아침의 고요함을 깨웠다. 따따이는 염려스러운 모습으로 전화기만 바라보았다.

"어머니, 옆에 있는 사람 바꿔보세요"

"예, 맞습니다"

"예…"

"예… 예…"

"예? 그럼 아이가 사망했다는 건가요?"

"예, 알겠습니다"

믿기기 않는 대화를 듣고 따따이는 신고가 되었다는 아파트로 무작정 달려갔다. 이미 경찰은 정은이의 시신을 수습하고 막 자리를 떴다고 한다. 아이의 얼굴도 못 보고 어디로 간지도 모른 채 한참을 우두커니 서 있었다. 그리고 정은이가 마지막에 물끄러미 바라보았을 잿빛 하늘을 바라보며 혼자 중얼거렸다.

"그렇게 힘들었니?"

5개월 전에 아파트 옥상에서 자살 소동을 벌였던 정은이가 끝내 극단적인 선택을 했다. 지난 봄 이후 정은이는 둥지에서 기본적인 생활과 학교생활은 무난하게 해왔기에 안심하고 있었는데… 가끔 감정의 기복이나 컨디션의 난조를 보이기도 했고 갑작스런 복통을 호소해 염려를 하기는 했지만 더 이상 자해나 자살 충동은 느끼지 않고 밝은 모습으로 지내왔기에 더욱 충격이었다. 일주일 뒤에 있을 연극 공연에서 엄마 역할을 맡아 열심히 대사를 외우고 연기하며 마음껏 웃던 정은이가 사라져 버렸다. 그것도 퇴소를 열흘 앞두고. 연극 공연을 마치고 집으로 돌아가서 잘 생활하겠다며 다짐했었는데… 믿기 힘든 소식은 현장에 도착해서야 현실로 다가왔다.

전날 정은이는 집 근처 병원 치료 후 다음날 등교를 위해 외박을 허락받아 집으로 갔는데 밤 11시에 친구들을 만난다고 잠시 나간 후 소식이 끊겼다. 별님이 겨우 정은이와 통화가 되어 집에 갔다 내일 학교 수업 후 둥지로 오기로 약속을 했는데 다시 사라져 버렸고 연락이 없었다. 정은이의 엄마와 오빠가 동네를 다 돌아다녔지만 찾지 못했고 아침에 경찰로부터 전화를 받게 된 것이다. 정은이 어머니는 다급하게 현장에 가서 정은이의 시신을 확인한 후 둥지로 연락을 했지만 충격으로 제대로 대화가 안되었던 것이다. 경찰이 아파트 CCTV 등을 조사한 결과 정은이에게 무슨 일이 있었는지는 모르지만 순간적인 판단력이 흐려진 가운데 혼자 아파트 출입문에 들어가 극단적인 선택을 한 것으로 판정되었다.

"센터장님! 정은이는 17년 동안 힘든 시간을 살았어요. 그래도 마지막을 둥지에서 지내면서 많이 웃고 좋은 경험을 하며 행복한 시간을 보냈어요. 찍은 사진도 제일 많구요. 정은이의 마지막 가는 길도 꼭 챙겨주세요"

정은이 어머니는 따따이에게 장례식을 부탁했고, 목사이기도 한 따따이는 둥지 아이들과 정은이의 장례를 맡아서 진행하게 되었다.

정은이를 기억하는 많은 친구들과 둥지의 가족들이 정은이의 마지막 길을 함께 해주었다. 당장이라도 "학교 다녀왔습니다"라며 정은이가 밝게 인사하면서 저쪽에서 들어올 것만 같은데 마음 아프게 그 곳은 정은이의 장례식장이었다. 충분히 슬퍼할 겨를도 없이 충격 속에 3일 간의 장례를 치르고 7월 7일 오전 7시 정은이의 시신을 화장하고 추모공원에 봉안하였다. 17년의 짧은 생애 동안 힘들고 어려운 시간을 보내다가 둥지에서 상담과 치료를 받으며 처음 입소 때보다 안정적인 모습을 보여 왔었기에 아쉬움이 컸다. 무엇보다 그토록 열심히 하던 연극 공연을 1주일, 퇴소를 10일 앞두고 그렇게 떠나버린 정은이를 생각하니 너무 마음이 아팠다.

"따따이. 우리 연극 어떻게 해요?"

그렇게 모두 눈물 지으며 나오면서 해리가 물었다. 자칫 눈앞에 닥친 연극 공연이 어떻게 될까 염려하던 아이들에게 "너희들 장례가 마칠 때까지 연극 이야기 꺼내지 않았으면 좋겠다. 정은이를 잘 떠나보내는 것에 우리의 마음을 다하고 모든 장례를 마치고 그때 이야기하자"는 따따이의 말에 장례 기간 동안 아이들은 연극 이야기를 입 밖에도 내지 않았던 것이다.

"너희들은 다음 주 공연 어떻게 했으면 좋겠니?"
"우리는 당연히 했으면 좋겠는데… 엄마의 바다인데 엄마가 없잖아요?"

"이제 5일 밖에 안 남았어요"

"우리 연극 못하는 건가요?"

연극 엄마의 바다에서 엄마역을 맡은 정은이가 갑자기 없어져 아이들은 말 그대로 멘붕이었다. 함께 장례식에 참여한 김태연 단장님도 뾰족한 방법이 떠오르지 않았다. 누구에게 부탁하기에는 시간이 너무 없고, 공연을 연기하기에는 이미 대관과 홍보를 마친 상태라 이러지도 저러지도 못하는 상황이었다.

"얘들아! 정은이는 우리가 어떤 선택을 하길 바랄까?"

"자기 대신 더 열심히 해서 멋지게 공연하길 바랄 것 같아요"

"정은이가 없는데 어떻게 멋진 공연을 하냐고. 나쁜 기집애"

"그래도 어떻게든 할 수 있는 방법을 찾아보자"

"아! 그럼 이러면 어떨까?"라는 단장님의 말에 "어떻게요???" 모두 귀를 쫑긋 세웠다.

"엄마의 바다에 엄마역이니깐 둥지의 엄마인 별님이 엄마역을 하는 게 어때?"

"와… 너무 좋아요"

다른 방법이 없기도 했지만 꽤 그럴싸한 의견에 모두 동의를 했다.

단 한 사람 별님 외에.

모두 별님만 바라보는 긴 침묵이 흐른 후 "그럼 할 수 없네요. 연기 못한다고 야단치지는 마세요"라며 별님이 받아들였다.

"제가 엄마 대사를 다 외워요. 가르쳐 드릴게요"

"저는 며칠 동안 식사 준비 담당을 할게요"

"그럼 저는 안마 해 드릴까요?"

갑작스레 엄마 역을 맡게 된 별님과 함께 며칠을 집중적으로 연습한 후 드디어 공연날이 되었다. 부모님, 가족들뿐만 아니라 친구들까지 많은 사람들이 둥지극단의 공연에 관심을 가지고 찾아주었다. 오후부터 긴장되어 아무 것도 먹지 못하고 떨리는 마음을 주체하지 못하던 아이들은 연극시작을 알리는 인사와 함께 오프닝 음악이 시작되자 모두의 손을 꼭 잡아주었다. 그리고 오프닝 내레이션이 흘러나왔다.

둥지극단 '엄마의 바다'를 시작하면서

연기를 배운 적도 없고 어설프기만 했던 우리들이 각자의 성격과 개성을 살려 드디어 오늘 공연의 시간이 되었습니다. 처음엔 다들 별 흥미도 없었고 귀찮게만 여겼습니다. 그렇다 보니 연극을 준비하는 과정에서 사소한 다툼도 잦았습니다. 이렇게 다투고 화해하고, 다투고 화해하기를 반복하며 우리

들은 더욱 뜻 깊은 스토리를 만들었습니다. 처음엔 다들 부끄러워하고 자신의 개성을 표현하지 못했지만, 점점 시간이 지나 각자의 성격과 어울리는 캐릭터를 찾았고, 어울리는 만큼 자신을 나타내기 시작했습니다. 생소하게 와 닿았던 연극이 지금은 우리들의 땀과 노력이 깃든 연극이 되었습니다. 짧다면 짧고 길다면 긴 시간 동안 우리는 참 많은 변화를 하였습니다. 어느새 우리는 습관처럼 대사를 외우며 웃고 떠들었고, 연습에 열중하고 있는 우리를 발견했습니다. 별거 아닌 변화라 생각할 수 있겠지만, 우리로선 엄청난 변화를 한 것입니다.

무엇보다 연극이 완성되어 공연을 일주일 앞두고 엄마역의 정은이가 갑자기 하늘나라로 가는 믿기지 않는 일이 생겼습니다. 우리는 한창 17살 예쁜 나이에 사랑하는 친구이자 가족인 정은이를 떠나보내고, 충격 속에 어떻게 해야할지 막막했습니다. 공연을 포기해야하나 끝까지 해야 하나 수없이 고민했습니다. 결국 하늘에서 지켜보고 있을 정은이가 바랐을 멋진 무대를 만들기로 마음을 모았습니다. 그리고 슬픔과 아픔을 딛고 배역을 급하게 조정하고 정은이의 몫까지 더 열심히 하기 위해 남은 짧은 시간 노력해서 이 자리까지 올 수 있었습니다.

처음 접해본 연기에 '우리가 과연 연극을 완성시킬 수 있을까?'라는 염려와 다른 어려움도 계속 있었지만, 많은 분들의 격려와 사랑으로 극복해가며 한 단계 성장한 것 같습니다. 특히 둥지 아빠 엄마의 응원과 위로로 잘

해 낼 수 있었고, 김태연 단장님의 도움이 컸습니다.

여러 고비를 넘기고 많은 어려움을 이겨내며 노력으로 이루어낸 저희 생애 첫 공연. 어설프지만 예쁘게 봐주실거죠? 조금은 실수 하더라도 귀엽게 애교로 넘어가 주시는 센스를 부탁드립니다. 준비하는 동안 힘들었던만큼 감동도 두 배가 될 수 있도록 이 자리에 모인 우리 부모님, 친구, 관객 여러분의 큰 호응과 쏟아지는 박수갈채가 필요합니다. 자, 그럼 저희가 최선으로 준비한 우리들의 이야기, 둥지극단 '엄마의 바다'를 시작합니다!

어느 때보다도 사건 사고가 많아 마음고생이 심했던 올해 둥지극단의 공연이었다. 하지만 감동도 두 배로 누리며 세 번의 공연을 무사히 잘 마쳤다. 며칠 전만해도 "공연을 할 수 있을까?"라는 의구심이 들었지만 우리 둥지 아이들은 너무도 멋지게 잘해내었다. 짧은 시간을 남기고 긴급 투입된 별님도 엄마역을 훌륭히 해내었다. 연극보다 더 연극 같고 드라마보다 더 드라마 같은 상황 속에 꿈같은 시간이었다. 아직도 한때의 비행과 방황으로 누군가 손가락질할지 모르지만 적어도 이번 공연에서는 누구보다 자랑스런 아이들이었다. 친구의 죽음과 환경의 변화 속에 적응하며 아이들은 자라고 있었나 보다. 연극 공연을 마치고 지친 몸으로 둥지에 돌아온 따따이는 연극대사의 한 마디로 모든 것이 자기 자리를 잘 찾아가길 기도했다.

"태풍이 한차례 훑고 지나가야 바다가 깨끗해지는기라. 원래 태풍이 오면 모든 게 제자리로 오는기다"

따따이생각_3

둥지 친구들에게 언제까지 기회를 줘야 하나요?

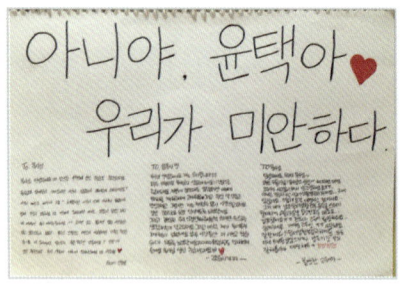

    대체로 재판을 받은 보호소년들에 대해 부정적인 시각으로 바라보는 경우가 많습니다. 잘못한 아이들을 엄하게 다루어야지 왜 기회를 주냐는 것입니다. 신문기사나 뉴스를 통해 접하는 청소년들의 심각한 범죄를 보면 좀 더 강력한 처벌을 바라는 것은 당연할 것입니다. 대가를 치러야하는 것은 당연하지만 처분 이후 아이들이 건강한 사회구성원으로 성인으로 자리매김하도록 회복과 성장을 도와야 할 것입니다. 그리고 잘못을 저지른 아이들을 나무라고 벌을 주는 것만이 아닌 그들을 그렇게 몰고 간 환경의 변화가 절실히 필요합니다. 술과 담배에 찌든 아이들이 있지만 그들에게 술과 담배를 파는 어른들도 있습니다. 남녀혼숙하는 아이들이 있지만 그들에게 방을 내어주는 숙박업자들도 있습니다. 조건만남, 성매매를 하는 아이들이 있지만 그들을 상대로 성매수를 하는 어른들도 있습니다. 잘못된 어른들에 비해 아이들은 더 혹독한 대가를 치르기도 합니다. 물론 사회 변화와 상황에 따른 소년법의 개정도 필요하지만 드러난 사건만 보고 쉽게 흥분하고 판단하는 어른들의 인식개선도 필요합니다. 아이들은 쉽게 변하지 않지만 다양한 경험의 기회는 주어야 합니다. 그래서 둥지센터에서는 아이들에게 다양한 경험과 만남의 장을 열어주고자 노력하고 있습니다. 안 쓰던 근육을 운동하면 다음날 통증이 생기듯 아이들도 안 쓰던 머리를 쓰고 안 하던 생각도 하면서 힘들어하지만 새로운 습관과 태도가 근육으로 다져지고 있다고 생각합니다. 비행 청소년들도 대한민국 청소년입니다. 이들에게 아무리 많은 기회를 줘도 아깝지 않습니다.

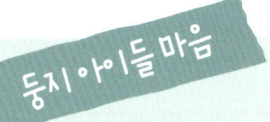

소년원에서 온 편지

목사님께

목사님, 저 이○○이에요. 결국 저는 제가 누릴 수 있는 모든 것을 저버리고 말았어요. 쓸데없는 반항 한 번 해보려고 저에게 주어진 것들을 다 포기해 버렸어요. 지금 저는 그저 감사하단 말이 하고 싶어서 쓰는 거에요. 그렇게 아껴주시고 믿어 주시고 보살펴 주셨는데 제가 보여드릴 수 있는 게 고작 이것뿐이라서 죄송해요.

많이 못나고 부족한 아이임에도 불구하고 기회를 주고 또 주고 또 주셔서 감사해요. 한없이 작은 존재임에도 불구하고 하나의 인격체로 보듬어 주셔서 감사해요. 이렇게 감사할게 많은데 어리석은 모습만 보여드렸네요. 결국은 기회를 저버렸네요. 후회, 당연히 후회되죠. 그런데 행복을 어떻게 느껴야 하는지, 사랑과 관심을 어디에 담아 주어야 하는지 모르겠어요. 이제 정말 나도 나를 모르겠어요. 가슴이 아프고 눈물이 나오는데 무엇을 위해 우는 것일까요? 무엇 때문에 가슴이 아린 걸까요? 뭐가 필요한지 무슨 방법을 써야 하는지 하나도 정말 하나도 모르겠어요. 뭐가 어디서부터 잘못된 걸까요? 누구를 원망해야 하는 걸까요? 모르겠어요. 이렇게 힘든데 이렇게 아픈데 아무리 생각하고 쥐어짜 내봐도 모르겠어요. 정말 죽고 싶을만큼 아파요 마음이. 원래 이렇게 쓰려던 게 아니었는데 말이 변해버렸어요. 저는 감사하다고 할랬어요. 감사하다고. 너무 고마웠어요. 진심이에요. 아빠.

2018년 3월

이 ○ ○

Episode 4

다시 아빠 해주세요!

> "지금까지 장애인의 딸이라고,
> 공부 못 한다고, 비행 한다고
> 손가락질만 당했는데…
> 내가, 그런 내가
> 소중한 존재라고요?"

다시 아빠 해주세요!

"내 자유를 뺏어간 건 따따이라구요. 저한테 왜 쓸데없이 큰 가능성을 바라셨어요? 결국 이렇게 되어버렸는데… 저는 단 한 번도 따따이를 아빠라고 생각한 적이 없어요. 아예 처음부터 몰랐던 사이처럼 다시 밝은 모습으로 만날 날 같은 거 기대하지 마세요. 저는 무슨 일이 있어도 안 볼거니깐… 도움 따윈 필요 없으니깐 제발 내 인생에서 사라져 주세요. 왜 저를 진심으로 위하고 걱정을 해요? 그딴 감정들도 필요 없으니깐 낭비하지 마시고요. 저 말고 다른 애한테나 그러세요. 내가 어떻게 살든 내 인생이니깐 이래라 저래라 하지 마세요. 이젠 내 인생에 나타나지 마요. 알아서 살거니까요"

얼어붙은 땅도 녹아내리고 꽃이 피며 생기가 도는 어느 봄날. 따따이는 소년원에서 온 편지를 한 통 전해 받았다. 편지를 보낸 아이는 지원이었다. 지금껏 둥지를 거쳐 간 수많은 아이들 중 가장 마음이 아린 녀석 중 하나이다.

지원이의 부모님은 지원이가 초등학교 5학년 때 이혼을 했다. 아버지는 사업 실패 후 가정을 외면한 채 바깥을 떠돌며 알코올중독자가 되었고 어머니는 이단 종교에 빠져 광적인 신앙생활을 하다 집을 나가 소식이 없다. 지원이는 부모님의 이혼 후 언니 2명과 함께 생활했다. 가끔 술에 취해 집에 들어오는 아버지는 딸들에게 폭행을 휘둘렀다. 이를 못 견딘 큰 언니가 고등학교 졸업을 앞두고 독립을 선언, 서울로 직장을 구해 먼저 떠나버렸다. 고등학생이던 둘째 언니마저 가출해 집에 안 들어오는 날이 잦아지면서, 아직 중학생으로 어렸던 지원이만 홀로 남았다. 거의 매일 술 냄새를 잔뜩 풍기며 들어오는 아버지와 단 둘이 있는 시간이 견디기 힘들만큼 너무 싫었다. 결국 지원이도 가출을 하기 시작했고 거의 1년 정도 가출팸들과 생활하며 지내다가 돈이 없으면 편의점에서 음식을 훔쳐 먹기도 했는데 결국 발각되었다. 그 절도 사건으로 재판을 받게 되어 따따이가 국선보조인을 맡으며 처음 만나게 되었다.

분류심사원에 위탁되어 있는 지원이에게 따따이는 물었다.

"그래도 이 곳에 갇혀 있는데 아버지에게 연락은 해야 되지 않겠니? 연락처 아니?"

"아뇨. 아빠는 제게 신경 안 쓸꺼예요. 그동안도 아무런 관심이 없었어요"라고 아버지에 대해 단호하게 대답하던 지원이었다.

"저는 가족 여행을 꼭 가고 싶었어요"

"있잖아요. 우리 가족 모두가 모여 함께 밥 먹은 기억도 없어요"

"그동안 아빠가 술 먹으면 때리고 망치나 칼로 겁주고 그랬어요. 집에 아빠와 둘이 함께 있으니 너무 싫어서 가출한 거예요. 그때 가출한 친구들을 만나게 되어 같이 생활하게 되었구요"

"그동안 언니와 한 번 같이 집에 가서 아빠를 만나 적이 있어요. 몇 달 만에 갔는데 그 날도 아빠는 아무 말도 안했어요. 언제나 뭐라고 말을 전혀 안하고…"

"언니들이 집을 나간 후에는 술을 마셔도 폭력은 별로 하지 않았지만 아빠는 보기도 싫어요"

재판을 앞두고 있지만 지원이의 보호자 역할을 할 수 있는 사람은 아무도 없었다. 그러던 중 어렵게 지원이의 둘째 언니와 연락이 되었다. 고등학교 때 가출해 이제 20살이 된 그 언니를 통해 들은 말은 더 충격적이었다.

"아버지가 알코올중독 증상이 있어 술을 먹고 집에 들어오는 거의 매일 밤마다 난리가 났죠. 큰 언니와 저 그리고 지원이까지 세 딸을 마구 때렸어요. 주로 막대기로 종아리나 등을 때렸고 머리채를 잡기도 했죠. 가끔은 망치나 칼을 들고 위협하면서 겁을 주어 우리 세 명은 바깥으로 도망 나갔다가 아버지가 잠이 들 때 쯤 들어오기도 했어요"

그리고 어렵게 말을 이어갔다. "특별히 나는 엄마와 많이 닮았다는 이유로 제일 많이 맞았어요. 새벽에 술 취한 아버지가 잠이 들면 집에 들어갔고, 아침에 아버지가 일어나서는 그냥 아무렇지도 않은 듯 일하러 나갔어요. 전날 밤에 대해 아무런 말이 없는게 저는 이해가 되지 않고 너무 싫었어요"

아픈 가족사를 알려준 둘째 언니는 스무살의 이른 나이지만 동거 중인 남자와 곧 혼인 신고할 예정으로 임신 중이어서 지원이를 돌볼 여력이 안 된다고 했다.

결국 지원이는 보호자 없이 홀로 법정에서 재판을 받아야 했고 판사님은 안정된 환경에서 생활하면서 학교도 다시 다닐 수 있도록 둥지센터 처분을 내렸다. 그리고 국선보조인이었던 따따이와 함께 둥지센터에서 지내게 되었지만, 가출이 습성화된 지원이는 센터 이탈을 반복하다가 결국 시설내처우인 6호 처분을 받고 아동치료보호시설에서 지내게 되었다. 그 곳에서 일주일에 한 번 주어지는 전화 시간에도 지원이는 전화를 걸 사람이 없었다. 그때마다 지원이가 생각나는 사람은 따따이밖에 없었다. 지원이는 전화할 수 있는 시간이 주어질 때마다 따따이에게 전화를 해서 자신의 이야기를 주절주절거렸다. 그 곳에서의 시간이 지나가도 지원이의 상황은 좋아지지 않았다. 아버지는 노숙인이 되어 거리를 돌아다니다가 알코올중독병원에 입원했으나 당뇨합병증으로 다리까지 절단해 제대로 움직일 수도 없다고 했다. 집을 나간 어머니는 계속 연락이 되지 않았기에 지원이를 찾는 사람은 아무도 없었다.

어느 날 가을 지원이의 생일에 따따이가 그 곳을 찾았다. 지난주 전화 통화에 "저 다음 주 생일이예요. 축하하러 와주실거죠?"라는 말이 마음에 걸려서였다. 좁은 면회실에서 생일 케이크에 불을 붙이고 지원이를 위해 따따이 혼자 생일 축하 노래를 불러주었다.

"생일 축하합니다~~~ 생일 축하합니다~~~ 사랑하는 지원이~~~ 생일 축하합니다~~~~"

이렇게 서글픈 생일 축하 노래가 있을까 싶을 정도였지만 지원이는 흐르는 눈물을 닦고 "감사해요. 저 이제부터 진짜 잘 살거예요. 기대하셔도 되요"라고 약속하며 따따이와 함께 웃었다.

그리고 6개월 간의 6호 처분 이후 따따이는 지원이를 위해 따로 원룸을 마련해주고 학교를 다닐 수 있도록 도와주고 이후에는 잘 지내기로 손가락을 걸고 약속했다. 하지만 얼마 지나지 않아 지원이는 그 곳에서도 떠나고 다른 비행에 연루되다가 보호관찰소에서 구인장이 발부되어 다시 도망 다니는 신세가 되었다. 그리고 재판을 받아 가장 중한 10호 처분으로 2년간 소년원 판정을 받았다. 계속되는 악순환에 잔뜩 독이 올라 원망과 저주가 섞인 말을 편지에 가득하게 써서 따따이에게 보냈던 것이다. 따따이는 한 순간 그 동안의 노력과 수고가 물거품이 되는 것 같아 온 몸에 힘이 빠졌다. 그렇게 안타까운 마음만 품고 시간은 흘러갔다.

유난히 더웠던 여름이 지나고 제법 선선한 바람이 부는 가을이 되었다.

세찬 비바람이 몰아쳐 태풍 경보까지 내려진 날 오후. 따따이에게 다시 편지가 왔다. 자기 인생에 나타나지 말라며 원망을 쏟아낸 지난번 편지 때문인지 따따이는 무거운 마음으로 지원이의 편지를 열어 보았다.

"어… 안녕하세요. 그러니까 제가 하고 싶은 말은 먼저 죄송해요. 지난 번 편지에 너무 모진 말들만 썼죠. 정말 힘든데 쏟아낼 때가 없어서 그랬나봐요. 솔직히 들어온지 얼마 안됐을 때 편지 받고 많이 울었어요. 저 여기 오면 아무도 찾아와 줄 사람이 없다는 거, 많이 힘들고 외로울 거라는 거 아시잖아요? 그렇게 목맸던 친구들은 8개월 째 소식이 없고 면회 오는 사람도 없고 혼자 버티려니깐 너무 버거워요. 저 진짜 잘못 살았나봐요. 나를 기억해 주는 사람이 아무도 없어요"

그렇게 조심스럽게 적어 내려간 지원이의 편지를 읽다가 따따이는 그만 마음이 멎는 듯 했다.

"따따이를 진짜 아빠라고 생각했었어요. 가족보다 더 보고 싶은 사람이었어요. 내가 이렇게 모질게 굴어도 따따이는 달래주실거라고 안일하게 생각했어요. 죄송해요. 진짜 죄송해요. 따따이는 저를 많이 도와주셨는데 은혜를 갚지도 못할망정 상처를 드려서 죄송해요. 제발 저 여기서 혼자 힘들게 하지 말아주세요. 따따이. 다시 아빠 해주세요. 작년에 가족도 안 챙겨주던 제 생일날 바쁘신데 와주시고 그랬는데… 아빠보다 더 아빠같이 생각했었는데 제가 왜 그랬을까요? 죄송해요. 아빠. 그리고 보고 싶어요"

따따이는 진하게 커피를 한 잔 내려 마시면서 창가에서 바깥을 내다

봤다. 어제 폭우와 강풍을 동반한 태풍이 우려한 것보다는 큰 피해 없이 비켜갔다. 아침에 언제 그랬냐는 듯 화창한 날씨에 밝은 태양이 떠올랐다. 따따이는 어제 날씨가 모진 비바람을 겪은 지원이의 짧은 인생 같아 괜히 쓸쓸한 마음이 들었다. 지난 번 그렇게 심한 말에 상처를 받기도 했지만 이렇게 편지 한 장에 다시 마음이 녹아내린다.

"이제 태풍이 지나갔으니 모든 것이 제 자리를 찾겠지. 다음 주엔 녀석을 만나러 가야겠다" 이제 며칠 후면 지원이의 생일. 다시 서글픈 축하의 노래라도 불러주러 가야 하지 않을까!

소중한 나

"짜장면 먹을래? 짬뽕 먹을래?"

"저는 짜장면!!!" "저는 짬뽕!!" 아이들은 각자 먹고 싶은 메뉴를 큰 소리로 외쳤다.

"초희야! 넌 뭐 먹을거니?"

"잠깐만요. 아직 결정하지 못하겠어요"

"그래. 천천히 알려줘도 돼. 오늘 정말 잘 왔다"

환하게 웃으며 어떤 선하게 보이는 분이 이야기하며 따따이와 인사를 나누었다.

"얘들아! 이분은 여기 예엔이라는 중식당을 운영하시는 김동현 사장님이야. 오늘 우리 둥지에게 식사 초대하셔서 온 거란다"

"둥지를 다시 꼭 만나고 싶었는데 오늘 정말 잘 왔어. 맛있게 먹고 가거라"

TV프로그램에서나 봤던 쉐프처럼 까만색 요리사 옷을 멋지게 차려입은 사장님이 요리해주는 음식은 왠지 더 맛있을 것 같았다.

"초희야! 너만 정하면 돼. 뭐 먹을거니?"

"따따이, 저 선택 장애가 있나 봐요. 둘 다 먹고 싶어서 못 정하겠어요. 원래 짜장면을 먹고 싶었는데 오늘처럼 비가 조금 내리는 날에는 왠지 짬뽕을 먹어줘야 할 것 같아요. 아참, 고민되네"

"그럼, 둘 다 만들어 줄게"

"정말요? 와~~ 그래주시면 너무 감사하죠"

"대신 남기지 마라. 난 음식 남기는 거 제일 싫어하는 거 알지?"

"걱정마세요. 내가 언제 먹는 거 남기는 거 봤어요?"

사실 초희는 둥지에서 제일 잘 먹는 아이 중 한명이다. 대부분의 아이들이 잘 먹지만 유독 초희는 더 잘 먹는다. 지난주 돼지국밥을 먹을 때도 공깃밥을 4개나 추가해서 먹는 것을 보고 식당에 있던 손님들까지 신기하게 지켜봤을 정도이니깐. 초희가 두 달 전 둥지센터에 입소할 때는 170cm의 키에 46kg이었는데 지금은 20kg이 늘어나서 66kg이나 되었다. 늘어난 자신의 뱃살을 걱정하며 다이어트를 외치지만 음식

앞에서는 거의 흡입하는 수준으로 마구 먹어치우는 그 식성은 여전했다. 초희는 부모님이 두 분 다 중증장애를 가지고 있어서 어릴 때부터 친구들이 심하게 놀려 학교 가는 것이 힘들었다고 한다. 한창 예민한 사춘기가 시작된 초등학교 4학년 때부터 그 놀림을 피하기 위해 학교를 가지 않았단다. 해가 바뀌어 동생들과 지내면 좀 괜찮겠지라는 심정으로 다시 등교를 했으나 그 놀림은 멈추질 않았고, 결국 그 후로 학교를 다시 가지 않았다. 이후 친구들이 중학교 3학년이 될 때까지 자신은 초등학교 4학년 유예로 세월을 보냈다. 초희는 집은 지적장애를 가진 어머니가 온 동네에서 주워온 재활용 쓰레기들로 가득했다. 장애를 가진 부모님과 소통도 안 되고, 집 안 가득한 쓰레기 냄새도 견딜 수 없는 답답한 심정에 집 밖을 돌아다니다가 사소한 일에 연루되어 재판을 받고 둥지센터에까지 오게 된 것이다. 큰 키에 밝고 예쁜 얼굴의 초희는 누구와도 친하게 잘 지내는 편이고 자신의 가족에 대한 얘기를 잘 안했기에 그 가정의 어려움이나 아픔을 다른 사람들은 잘 몰랐다.

둥지에 와서 따따이가 소개한 멘토 선생님과 차근차근 초등학교 과정을 공부한 결과 얼마 전 4월에 치른 초등학교 졸업 검정고시에서 94점의 높은 점수를 받고 합격했다. 지금까지 초등학교도 졸업하지 못했던 부담을 떨쳐버릴 수 있어 초희는 이제 중학교 졸업 검정고시를 준비하면서 2개월 전과 비교되지 않는 새로운 희망으로 들떠있었다.

"사장님 특별서비스입니다!"라며 얼핏 보기에도 맛있어 보이는 탕수육이 나왔다. 평소 동네 중국집에서 먹던 탕수육과 달리 하얗게 바싹하게 튀겨진 고기튀김 위에 꿀 같은 하얀 소스가 부어져 김이 모락모락 나는 게 한 눈에 봐도 정말 먹음직스러웠다.
"얘들아! 이건 찹쌀탕수육이란다. 맛있게 먹어" 사장님이 입가에 환한 미소를 지으며 아이들에게 다가왔다. 그리고 이어서 주문한 짜장면과 짬뽕이 아이들 앞에 전해졌고, 초희 앞에는 두 개의 그릇이 놓였졌다.
"와우! 여기 해물이 끝내주게 많이 들어 있네"
"짜장소스에 특별한 향기가 나는 것 같지 않아?"
"면발이 탱글탱글 진짜 끝내준다. 짱이다"
"야~~ 탕수육이 바싹하다가 씹으니깐 안에 촉촉한 고기가 있네. 환상적이다"
아이들은 마치 맛집 탐방이나 요리프로그램에 출연한 패널이 된 것처럼 자신의 시식평을 늘어놓았다.
"모자라는 것 있으면 얘기해. 얼마든지 줄테니깐" 사장님은 맛있게 먹는 아이들을 흐뭇하게 쳐다보았다.

"센터장님! 이렇게 많이 먹는 아이들 어떻게 먹이며 데리고 삽니까? 한 두명도 아니고. 참 대단합니다"

"무슨 말씀을요. 이렇게 초대해 주시고 아이들을 먹여주시니 너무 감사합니다. 덕분에 저도 잘 먹고요"

"자주 와도 됩니다. 적어도 한 달에 1~2번은 오세요"

"예. 감사합니다"

예옌의 사장님은 따따이에게 자주 문자를 보내 식사초대를 했다.
"비가 오는 날엔 더 맛있는 짬뽕을 드시러 오세요!!
짜장면이 그리울 때는 언제든지 오세요. 환영합니다!!"

사장님의 초대를 받을 때마다 오기가 죄송스러웠던 따따이는 아주 가끔 아이들과 방문하고 있었다.

"얘들아! 따따이에게 짜장면 먹고 싶다고 졸라서 자주 오너라"

"진짜요? 자주 와도 되요?"

"그럼. 언제든지 대환영이야. 둥지 퇴소하고도 언제든지 오너라. 둥지에서 왔어요라고 얘기만하면 언제든지 맛있게 먹을 수 있게 해줄게"

"진심이죠?" "정말 약속했어요" 아이들은 난리가 났다.

"그런데 왜 우리한테 이렇게 공짜로 음식도 주시고 잘해주는 거예요?"

"그냥. 너희가 좋아서. 잘 지내다가 또 보자. 따따이 말씀 잘 듣고"

"예, 감사합니다"

저녁 식사를 마치고 오늘 특별 숙소인 펜션에 들어서는 순간 입이 떡하고 벌어졌다.

새로 지은 신축 건물이라 깔끔하기도 했지만 고급스런 인테리어와 가구에 눈이 휘둥그레졌다. 정신을 차리지 못하고 어리둥절하고 있는데 갑자기 불을 끄더니 한 쪽 구석에서 노래 소리가 들렸다.

"happy birthday to you~ happy birthday to you~"

"초희의 생일을 축하합니다"

미리 말을 하지 않아서 아무도 몰랐던 초희의 생일인데, 따따이와 별님이 초희를 위한 생일케이크를 들고 나타난 것이다.

"애들아! 우리가 사랑하는 소중한 초희의 생일이야. 생일 촛불을 끄기 전에 우리가 다 같이 노래 부르면서 축하하고 생일 맞은 초희를 안아주는 게 어때?"

따따이의 말이 끝나자 아이들은 모두 둘러서서 다시 노래를 불렀다.

"당신은 사랑받기 위해 태어난 사람

당신의 삶 속에서 그 사랑 받고 있지요

태초부터 시작된 하나님의 사랑은

우리의 만남을 통해 열매를 맺고

당신이 이 세상에 존재함으로 인해

우리에게 얼마나 큰 기쁨이 되는지

당신은 사랑받기 위해 태어난 사람

지금도 그 사랑 받고 있지요

당신은 사랑받기 위해 태어난 사람

지금도 그 사랑 받고 있지요"

초희는 오늘 따라 그 노래의 가사가 마음에 와 닿았다. 지금까지 자신이 사랑받는다는 생각을 해본 적이 없었다. 이젠 사랑받는다는 게 뭔지 조금 알 것 같았다. 그리고 계속 눈물이 흘러내렸다. 이렇게 기뻐도 눈물이 나는 거구나!

잠자리에 들기 전 초희는 따따이에게 물었다.
"따따이, 감사해요. 그런데 왜 나한테 이렇게 해주는 거예요?"
"넌 소중한 존재니깐"
"내가 소중한 존재라구요?"

"그래, 넌 세상에 하나밖에 없는 소중한 존재란다"

초희는 잠자리에 누웠으나 쉽게 잠들지 못하고 한참을 생각했다.
'지금까지 장애인의 딸이라고 다 놀렸는데… 공부 못한다고 비웃기만 했는데… 비행 한다고 손가락질만 당했는데… 내가, 그런 내가 소중한 존재라고?'

오늘 하루가 꿈만 같았다. 자신을 소중하게 대해준 분들의 모습이 스쳐지나갔다. 그리고 스스로도 소중히 여겨야지라는 마음을 품고 잠이 들었다.

굿모닝 필리핀

"마간당 우마가! Magandang Umaga!"

간밤에 잘 자고 일어났는지 다정이가 따따이에게 인사를 하며 다가온다. 그 뒤로 하나둘씩 모습을 보이는 녀석들.

"닭소리 때문에 잠을 잘 수가 없어요"

"맞아요. 개들도 엄청 짖어서 같이 막 짖었어요"

"오토바이도 엄청 시끄럽게 다녀서 여기 전부 폭주족들만 있는 것 같아요"

둥지극단의 공연을 마치고 따따이는 아이들에게 새로운 경험을 만들어 주기 위해 필리핀으로 왔다. 처음 타본 비행기도, 해외여행도 모든 것이 신기하고 새롭기만 했다. 김해국제공항에서 출국 수속을 하면서도 괜히 긴장이 되고, 요란한 굉음을 내며 비행기가 이륙할 때는 놀이기구를 타는 듯 짜릿했다. 며칠이 지났는데도 여전히 필리핀의 소란스러운 아침이 낯설었다. 그리고 어제 방문한 쓰레기마을에서의 모습이 충격이 컸는지 피곤하다고 하면서도 계속 수다를 떨었다.

"언니! 하루 한 끼만 먹고 산다는 게 말이 돼?"
"그것도 쪼그만한 닭 한 조각에 밥만 있던데…"
"난 그렇게는 도저히 못 살겠던데…"
"자동적으로 다이어트도 되고 좋잖아요"
"근데 어제 어떤 애가 밥만 먹고 손에 닭고기 들고 가는 거 봤어요? 왜 그러는 거예요?"
"그거는 집에 있는 자기 동생 주려고 챙겨가는 거라더라"
"진짜요? 나는 혼자 두마리치킨 갖고도 언니랑 싸우면서 먹는데…"
"나는 8살 정도 된 꼬마가 자기 동생 안고 와서 자기 밥도 안 먹고 그 작은 아기 밥 떠먹여주는거 너무 신기했다"
"나 봤어. 진짜 그거 보고 울 뻔 했다"

"근데 어제 그 애기 엄마 봤어요? 진짜 우리 또래 밖에 안 되겠던데…"

"어제 따따이에게 들으니깐 15살이라더라. 근데 그 아기는 둘째고 3살 짜리 아들도 있다던데요"

"와! 그럼 12살에 아기를 낳았다고?"

"아니. 우리 나이로는 13살이나 14살이겠지"

"아무리 그래도, 그건 좀 심했다"

"여기는 자기 나이도 잘 모른대요. 선교사님이 어떤 사람은 결혼하는 상대가 누군지도 모르고 부모가 결혼하라고 해서 하기도 한대요"

"진짜 에바다"

"그리고 결혼 시기는 그냥 처음 생리를 하면 아기 나을 수 있다고 생각하고, 그때 하는거래"

"와! 그럼 내가 이 마을에서 태어났으면 난 벌써 결혼한지 5년은 됐겠다"

"나는 3년!"

"그럼 나는 2년!"

둥지 아이들은 이런 필리핀 시골 오지 부족의 문화가 신기해서 충격을 받은 것 같았다.

"너희들이 만약에 학교도 없고 놀 것도 없는 이 마을에서 태어나서 가난하게 지내다가 지금 아기 엄마가 되었다고 생각하면 어떨 것 같애?"라고 따따이가 질문을 던졌다.

"난 자살한다"

"나도!"

"근데 나는 뭔가 그냥 살고 있을 것 같은데. 뭘 알아야 나가든지 비교하지. 그냥 이게 정상이라고 살고 있는 거잖아요?"

"사람들이 먹을 것도 없고 양치질도 안 하고, 옷도 빨지 않고 그냥 입고 사는데… 난 진짜 잘 먹고 잘 지내는 거였네"

"나는 여기 변기에 뚜껑 없는 게 최악이다. 진짜 싸러 들어갔다가 그냥 나왔다"

"한국에 있는 게 다 좋다. 진짜 감사해야 된다"

"나만 돈 없고 우리집이 제일 가난하다고 불평했는데. 진짜 부끄럽다"

"어제 우리 마을에서 나올 때 계속 따라오던 아줌마 기억해?"

"우리가 들고 있던 그 종이 상자 받으려고 따라온 사람 말이죠? 저 진짜 놀랬어요"

"따따이에게 들었는데 자기 집 바닥에 깔려고 달라고 하면서 계속 따라온거래"

"와! 대박이다. 그 종이박스가 뭐라고. 참…"

"안되겠다. 내가 돈을 많이 벌어야겠다"

"왜?"

"여기에 학교 짓고 유치원 만들고, 병원 지을려고"

"필리핀 정부는 뭐하노? 이게 나라가?"

둥지 아이들은 이제 겨우 3일을 필리핀에서 지내고는 모든 것을 아는 것처럼 목소리를 높이고 자신의 일처럼 화를 내고 있다.

"한국에서도 학교 안다녔는데 여기서 학교를 가네"

"그것도 선생님으로"

걱정과는 달리 아이들은 한국에서 온 둥지 아이들을 환영해주었고 친근하게 다가왔다. 준비해간 다양한 놀이기구를 펼쳐놓고 함께 뛰어놀기도 했다. 한글수업에도 너무 재미있게 참여하여 금방 읽을 수 있는 정도가 되었다. 짧은 만남이었지만 둥지 아이들을 볼 때마다 손을 흔들어주고 하트를 날려주기도 했다.

필리핀을 오기 전 필리핀 아이들을 위해 옷과 학용품, 음식 등을 챙기고 나눠서 박스에 담는 일을 하였다. 그것을 하는 동안 해리는 '내가 도대체 지금 뭘 하는거지? 이렇게 고생을 해도 누가 알아줄까'라는 푸념으로 큰 기대도 하지 않았다. 아니 필리핀 입국심사 때는 서류에 문제가 생겨 다시 한국으로 돌아갔으면 좋겠다고 생각하기까지 했다. 그렇게 짜증내면서 왜 온건가 싶기도 했는데 며칠이 지난 지금은 그런 마음을 가졌던 자신이 너무 부끄러웠다.

특히 한글수업에 일일교사가 되어 아이들에게 한글도 가르치면서 재미없어하거나 관심없어 하진 않을까 걱정도 되었다. 하지만 들어가서 가르쳐보니까 자음, 모음 하나하나 잘 따라서 말해주고 박수를 치기도 하며 즐거워하는 모습을 보니까 뿌듯하고 누구를 가르친다는 걸 처음 느껴보니까 행복하기도 했다. 한국에서는 그렇게 가기 싫어했던 학교였는데 모든 어려움과 고난은 어떻게 받아들이느냐에 따라 달라질 수 있음을 배운다.

"따따이. 여기 2~3만원이면 아이들 학교 다닐 수 있다고 했잖아요. 저 어제 피딩센터에서 만난 아이가 있는데요. 제가 그 돈 따따이에게 주면 그 아이가 학교 다닐 수 있는 거예요?"

"당연하지. 가은아. 니가 만약에 2만원을 내면 내가 그만큼 더 내서 여기로 보내줄게"

"좋아요. 저 이제 돈 아껴서 여기 후원할거예요"

"와~~ 우리 가은이 철 들었네. 고마워. 근데 돈은 있나?"

"이제부터 담배 줄일려고요. 건강도 챙기고 후원도 하고…"

"멋지다. 가은이"

"저도 후원할래요"

"저도요"

둥지 아이들은 피딩센터를 찾은 어린 친구들에게 더욱 정성스럽게 소중한 한 끼의 식사를 전달했다. 그리고 혼자 음식을 제대로 삼키지도 못하는 영양실조에 걸린 아기들을 안고 천천히 먹이면서 눈물을 삼켰다. 지난 시간 너무 쉽게 돈을 쓰고 음식을 남기고 불평했던 부끄러운 모습 때문이었을까 배식이 끝난 한참 후까지도 눈물은 멈추질 않았다. 아이들은 점심과 저녁을 굶기로 하고 소중한 자신들의 식사비를 피딩센터에 전달했다. 피딩센터장님은 고마움을 표하며 한 때 조폭이었던 자신의 어린 시절 과거 이야기를 들려주었고, 비슷한 경험 속에 있는 둥지 아이들은 다시금 눈물을 흘리며 진심으로 반응을 했다. 피딩센터를 뒤돌아서 마을을 다시 돌아보면서도 밥을 먹이던 그 어린 눈망울이 떠올라서인지 계속 울면서 길을 걸어야만 했다.

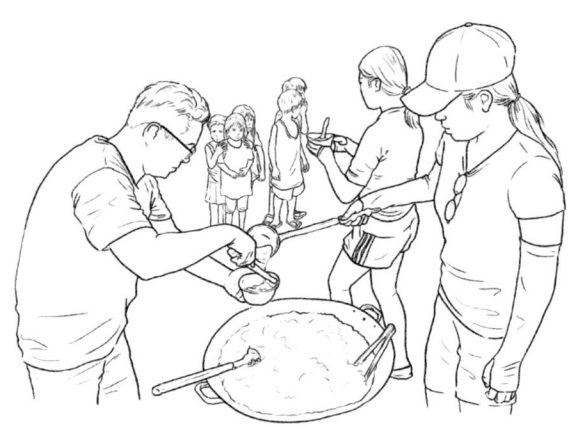

Chance! Change!

"여보세요. 잘 지내시죠?"

늦은 오후 조금 나른해질 무렵 갑작스레 걸려온 전화기의 발신자 번호를 보는 순간 따따이는 정신이 번쩍 들었다. 얼마 전 둥지 퇴소와 둥지극단 '엄마의 바다' 공연을 앞두고 하늘나라로 떠난 정은이의 어머니였다.

"예, 저는 잘 지냅니다. 어머니는 어떠세요?"

"저도 잘 지내고 있어요."

그리고 서로 다른 말을 주고받지 않아도 정은이에 대한 그리움과 아픈 마음의 대화는 전화기를 통해 전해졌으리라.

"제가 요즘 방역 사업을 하고 있어요. 그래서 수고하시는 센터장님을 위해 둥지센터를 직접 방역해드리고 싶은데 괜찮을까요?"

따따이는 차마 그 요청을 거절할 수 없었다. 그래서 약속한 휴일 아침 정은이 어머니는 둥지곳곳을 구석구석 정성을 다해 방역을 해주었다.

정은이가 6개월 가량 지냈던 둥지의 방과 거실을 방역하며 어머니의 마음은 어땠을까?

"감사합니다. 안녕히 가세요"

애써 무덤덤하게 모든 방역을 마친 정은이 어머니에게 아이들이 인사했다.

"정은이 어머니! 여기 정은이를 기억하는 아이들도 아직 있는데 한마디 해주고 가시면 좋겠습니다"라는 따따이의 부탁에 잠시 어색한 분위기가 감돌았다.

애써 태연한 모습으로 방역을 하였던 정은이 어머니는 갑작스런 따따이의 부탁에 참고 눌렀던 감정이 솟아났는지 방역복을 입은 몸이 약간 흐느꼈다. 그리고 무거운 침묵이 잠시 흐른 후 정은이 어머니는 울먹이며 힘들게 아이들에게 인사했다.

"그래… 다… 잘… 지내야…해…"

더 이상 말을 잇지 못하고 마스크 위 안경이 뿌옇게 변해갔다.

모두는 어떠한 말도 주고받을 수 없었지만 깊은 울림이 마음으로 함께 전해져 왔다. 돌아서 무거운 발걸음을 내딛는 어머니께 마음을 담은 작은 선물로 위로와 감사를 표했다.

어머니가 돌아가신 후 따따이는 다시 정은이가 그리워졌다. 다들 6개월이면 떠나가는 둥지이지만 정은이는 아직까지 따따이의 마음에 남아 있다. 따따이는 혼자 중얼거렸다.

"괘씸한 녀석, 이제 보호처분변경신청 해야겠다. 하나님의 품 안에서 영원히 안식하도록!"

따따이는 모처럼 화창한 날씨에 울적한 마음도 달랠겸 아이들과 산에 올랐다. 둥지 근처 금정산 고당봉으로 범어사에서 출발해 내원암을 거쳐 고당봉에 도착, 북문 방향으로 내려오는 3시간의 산행이다. 아이들은 힘들어하다가도 고함도 지르고 노래도 부르며 산에 올랐다.

금정산 정상 고당봉.

모두 무사히 정상에 올라 산 아래로 펼쳐진 부산 전체의 경치에 환호성을 질렀다.

"애들아. 죽을 듯 힘들어도 힘겹게 내디딘 한 걸음 한 걸음으로 정상에 왔잖아. 그런 것처럼 하루하루 잘 살아내면 퇴소할 날도 오고, 한 달 한 달 살아내면 보호관찰도 끝나고, 한 해 한 해 살아내다 보면 각자 행복의 목적지에 이를 수도 있을거야. 오케이?"

"그래도 힘들어요"

"당연히 힘들지. 그래도 조금만 더 힘내. 너무 성급해 하지 말고 조금만 더 힘내. 한 번만 더. 하루만 더 힘을 내보렴. 그러다보면 어느새 힘내지 않아도 그렇게 살아가는 너희를 만날거야"

모처럼 산에 갔다가 피곤해진 따따이가 아이들과 저녁식사를 하러 근처 '청화백'이라는 돼지국밥집을 찾았다. 동네 맛집답게 진한 국물에 부드러운 돼지고기가 잔뜩 들어있는 이 집 돼지국밥을 유독 아이들이 좋아했다. 한참을 맛있게 먹고 있는데 사장님이 따따이에게 조심스레 말을 건넸다.

"저, 너무 죄송한데 한 가지만 여쭤봐도 되겠습니까?"

"예, 말씀하세요"라고 답하면서도 아이들이 혹시 뭔가를 실수한 건 아닌지 따따이는 불안감이 몰려왔다.

"저… 다름이 아니고"

"네, 편히 말씀하세요. 괜찮습니다"

"혹시 뭐하는 분이신가요?"

"예? 그게 무슨…"

"몇 번 오실 때마다 유심히 봤는데 오실 때마다 여자 아이들을 데리고 오시는데 아이들이 바뀌기도 하고, 중고등학생 같기도 하고, 대학생 같기도 하고, 좀 신기해서 그럽니다"

돼지국밥집 사장님은 그 동안 따따이가 둥지 아이들과 식당에 올 때마다 눈에 띄어 살펴본 모양이었다. 검은색 승합차를 타고 와서 문이 열리면 진한 화장을 한 앳되어 보이는 여학생들이 열 명 가까이 내리니깐 이상하게 볼만도 하다. 가끔 아이들이 바뀌기도 하고 무엇보다 시꺼먼 피부에 짧은 머리의 따따이가 부드러운 이미지는 아니었으니 색안경을 끼고 볼만도 했다. 그런데 깔깔거리면서 편하고 먹고 이야기하는 것을 보니 사장님이 조금 헷갈리다가 오늘에야 질문을 던지는 거였다.

"아~ 그러셨군요. 진작 얘기하시지. 사실 저는 둥지센터라고 아이들과 함께 사는 그룹홈을 운영하고 있습니다"

"그룹홈요?"

"예, 사법형 그룹홈인데 보호자 대신 아이들을 보호하면서 엄마 아빠 역할 하는 곳입니다"

"정말 좋은 일하시네요. 제가 보니깐 애들 먹는 게 장난 아니던데 이 아이들 세 끼 밥 먹이는 게 보통일이 아니겠습니다"

"좀 그런 편이죠"

그도 그럴 것이 여자 아이들이 돼지국밥에 밥을 야무지게 말아 먹으면서 공깃밥을 3~4개는 기본이고 7공기까지 먹으니 눈에 안 띌 수가 없었을 것이다.

"다른 건 몰라도 제가 밥 먹이는 것은 전문이니깐 언제든지 식사하러 오십시오"

"아닙니다. 이렇게 맛있게 음식 먹을 수 있어서 저희가 고맙죠"

"앞으로 언제든지 오십시오. 음식값은 안 받겠습니다"

"데리고 사는 분이 엄마 아빠 역할하니깐 저는 삼촌하겠습니다. 애들아! 배고플 때 언제든지 밥 먹으러 오너라, 알겠지?"

"예!!!! 감사합니다"

그렇게 행복한 저녁 식사 후 잠시 쉬고 있는데 모르는 번호로 전화가 왔다. 둥지 초기에 함께 지냈던 유희가 갑작스레 찾아온 것이다. 유희는 둥지시절 가끔 가곤했던 돼지갈비집이 생각나서 남자 친구와 저녁 먹으러 왔다가 생각이 나서 잠시 들렀다고 한다.

어느새 성인이 된 녀석.

"저 여기 함께 지낸 시절 늘 기억하고 있어요. 그리고 감사하게 생각하고 찾아오고 싶은 적이 많았어요. 자주 못 찾아뵙고 이제야 와서 죄송해요"

"아냐. 이렇게 잘 자라줘서 고마워"

밑 빠진 독에 물 붓는 것 같아 무력감이 들고 지치기도 했는데 이렇게 기억해주니 고맙기만 하다. 유희가 다녀간 후 따따이에게 카톡이 왔다.

아부지~날도 더운데 잘 지내구 계시죠? 요즘 아픈데 없이 건강히 잘 계시는거죵?ㅎㅎㅎ 요즘 문득 둥지 생각이 나서 연락 남겨요!! 둥지에서 지낸 이후로 가족들이랑 사이도 너무 좋아지고 둥지덕에 아부지 덕에 검정고시 따서 대학 문턱이라도 밟아보고 더 열심히 살아보려고 돈도 벌고 꾸준히 일도 하고 있어용. 포기하지 않고 제 인생 열심히 참견해 주시고 더 나은 삶을 살 수 있도록 붙잡아 주신거 항상 너무 감사합니다! 앞으로도 마음이 아프고 다치고 상처받아온 저 같은 아이들을 위해서 항상 사랑으로 품어주시고 포기하지 않으시는 아부지가 되셨음 좋겠어요. 아프지 마시구 항상 건강이 우선이고 아부지가 우선입니다! 자주 연락 드리고 찾아뵐게요♥ 몇 명인지 몰라가지우ㅠㅠ모자라면 말씀 해주세용.

둥지 퇴소한 지가 4년이 넘는데도 가끔 문자를 보내던 선영이가 둥지 아이들 간식으로 치킨쿠폰과 함께 응원 문자를 보내온 것이다.

'이 녀석들이 어떻게 알고 이렇게 힘든 날에 연락을 주네'

무슨 영문인지도 모르고 맛있게 치킨을 먹는 둥지 아이들을 보면서 따따이는 뿌듯한 심정이 들었다.

'그래. 힘들어도 이 맛에 하는거지.

세월이 흐른다. 아이들은 자란다.

둥지에 함께 생활하는 아이들,

둥지를 거쳐갔거나 퇴소한 아이들,

세월이 흘러 성인으로 자리잡아가는 아이들.

그때 그때 필요한 사랑과 지지가 필요하기에

오늘도 내가 먼저 좋은 어른으로 잘 살아야한다'

언젠가 가정법원장님께서 "소년들에게는 아무리 기회를 많이 주어도 괜찮다"고 말씀하셨던 것이 더 많이 생각나는 밤이다. 따따이는 늘 이 말에 동의하면서 가급적 기회를 주고자 나름 노력해왔다. 그런데 문제는 그 기회를 가진 아이들의 여지없는 배신 때문에 힘들기도 했다. 주어진 그 기회로 다른 더 큰 문제를 만들어 버리기에 기회를 준 것을 후회한 적도 많았다.

"그래도 기회를 주고 품을 만큼 넉넉한 품이면 좋겠다. 기회로 변화가 되길"

따따이는 그런 바람을 가져본다.

안녕, 둥지

처음에 들어왔을 때는 언제 6개월이 가나? 내가 학교를 내가 잘 다닐 수 있을까 다른 아이들이랑 잘 지낼 수 있을까? 라는 생각이 마구 마구 들었다. 처음엔 낯설어서 적응을 못해서 혼자 취침시간에 몰래 운 것도 기억이 난다. 그랬는데 6개월을 지낸 후 스스로 연장까지 결정하면서 1년이라는 시간을 보내고 이렇게 퇴소 감상문을 쓰고 있다니 믿기지가 않는다. 둥지가 나에게 가장 큰 도움이 된 건 안 좋은 친구들과의 단절이다. 그리고 아버지와의 관계 회복이다. 전에는 일주일에 한 번 연락을 할까 말까 하던 사이였지만 이젠 전화 통화와 문자도 많이 주고받는다. 퇴소를 많이 기다려왔는데 별로 기쁘지 않다. 이게 정상인가? 다시 둥지오고 싶으면 어떡하지? 너무 어색하다. 막상 퇴소하면 뭘 해야 할지도 고민이라 쉽게 발이 안 떨어진다. 언젠간 가야

하고 계속 있을 수 없는 거지만 정이 너무 많이 들었나보다. 둥지에서 지내는 동안 싫은 것보다 즐거웠고 편했다. 진짜 집이라 생각하고 지내다보니 벌써 1년이 지나고 퇴소할 날이 와버렸다. 지나온 시간이 나에게는 소중하고 추억이 됐다. 잘 지내고 퇴소할 수 있어서 기쁘지만 더 있고 싶다. 막상 집에 가면 둥지가 엄청 그리울 것 같다. 마음 같아선 따따이와 별님을 우리집에 모시고 가고 싶다. 그래야지 잔소리도 들으면서 잘 생활할 수 있을 것만 같다. 너무 아쉽고 이걸 쓰니까 실감나서 슬프다.

"언니! 뭐해요?"
"어, 아냐. 아무 것도"
"울고 있어요?"
"아니, 그냥. 퇴소감상문 쓰고 있었어"
"좋겠다. 퇴소해서. 난 아직 100일도 넘게 남았는데"

곧 퇴소를 앞두고 감상문을 쓰고 있던 수아는 괜스레 눈물이 났다. 불쑥 가은이가 다가와 이야기를 건네자 아이들이 하나둘씩 모여들었다.

"퇴소 미리 축하해!"
"나도!!"

"퇴소하기만 하면 마냥 행복할 줄만 알았는데 괜히 슬프고 아쉽네"
"진짜? 난 생각만 해도 기쁜데…"
"나도 전에 퇴소하는 언니나 애들이 슬프게 울고 아쉬워하기에 설마 했는데… 진짜 내가 이렇게 슬퍼하는 게 신기하다"

수아는 작년 봄에 둥지에 왔다. 반복된 가출로 인한 장기결석으로 다니던 중학교에서 유급이 되었는데 둥지에서 지내는 동안 8월 중학교 졸업 검정고시에 합격을 하고 또래 친구들과 함께 고등학교에 진학하게 되었다. 하지만 가정 상황의 여전한 어려움이 있고 아빠와 아직 해결해야 할 문제가 있어서 6개월의 기간을 마치고 퇴소를 앞두고 있었지만, 스스로 연장 신청을 해 이제 1년의 시간을 보내고 퇴소를 앞두고 있다. 무엇보다 다시 가정으로 돌아간다 하더라도 혼자 방치되는 생활을 하게 되면 자칫 자신의 생활에 질서를 잃을 가능성이 커서 보호관찰위반이나 다른 비행에 연루될 우려가 큰 상황임을 스스로가 걱정하고 있다. 자신의 미래를 위하여 둥지생활을 연장한 수아의 퇴소를 축하하며 무한리필 닭갈비집 '사계진미'에서 맛있게 실컷 먹었다.

식사 후 둥지에서 조촐한 수아의 퇴소식이 열렸다. 수아를 데려가기 위해 아버지도 오셔서 함께 앉았다. 모두가 둥글게 모여앉아 퇴소하는 수아에게 꼭 해주고 싶은 말을 한 마디씩 건넸다.

"처음 볼 때는 차갑게 느껴졌는데 친해지고 나니깐 진짜 좋았어. 너무 보고 싶을 것 같애"

"언니. 다시 사고치면 안돼요"

"아무 남자나 만나지 말고 진짜 행복해야 해"

"내가 제일 많이 같은 방 썼는데 잘 정리 안 해서 미안하고… 진짜 보고 싶을 거예요"

"너무너무 보고 싶을 거야. 교복 입고 학교 다니고 싶다고 했는데… 열심히 공부해서 자격증도 따고 잘 지내야해"

"같이 여기저기 여행도 많이 가고 좋은 추억 남겨서 좋았어. 나 잊지마!"

"다음에 볼 때는 법원과 관련된 데서 보지 말고… 잘된 모습으로 보자"

아이들은 금방 울음바다 되었다. 수아는 둥지에서의 시간을 담은 수아만의 둥지앨범을 전해받고 마지막으로 자신이 쓴 퇴소 감상문을 읽어내려갔다.

1년 동안 집이었던 둥지를 떠난다는 게 아직도 안 믿어진다. 그 동안 내 엄마 아빠나 다름없으셨던 분들을 떠나는 게 이렇게 슬픈 일인지 몰랐다. 내가 둥지에서 이탈도 하지 않고 꿋꿋이 잘 버텨낼 수 있었던 이유 중에 하나인 것 같다. 우리의 말썽과 장난도 받아주시고 우리를 위해 한결같이 헌신하고 계신다는게 정말 감사하다. 그 헌신의 노력이 내 마음에 와닿은 것 같다. 우리 별님은 우리의 끼니와 학교, 병원 등 모든 일정을 다 꿰뚫어보는 마법사 같은 존재이고, 따따이는 우리를 위해 뭐라도 해주실려고 계획하시고 때론 엄청 혼내시기도 하고 웃어주시는 아버지 같은 존재이시다.

제일 하고 싶은 말이 뭐냐고 물으시면

감사합니다.

죄송합니다.

사랑합니다.

이 세 말 밖에 없다고 말 할 것 같다.

둥지에 있으면서 나처럼 말 안 듣고 맘대로 하는 아이도 있겠지만 퇴소하고 이 일을 계기삼아 더 멋지게 살아가는 사람들이 많을 것 같다. 나에게 여기 1년이 너무 뜻 깊고 행복했다. 어디서 따따이와 별님 같은 분을 만나고 이렇게 행복할 수 있을까.

지난주에 퇴소를 앞두고 취침 전에 따따이에게 고민 상담 같은걸 했는데 그때 해 주신 말이 아직도 기억이 난다.

"파도가 오면 그 다음 파도도 온다. 계속 파도는 오고 있다. 우리가 힘들 때나 지치는 일도 마찬가지다. 그 파도처럼 계속 온다. 걱정하고 무서워서 주저하지 말고 열심히 수영해 나가라"

이 말을 듣고 마음에 와 닿았다. 따따이! 아빠 해주셔서 감사해요. 1년 동안 그 누구보다 행복한 사람이었어요. 정말 감사합니다.

모두 수아를 향해 손을 펼치고 마음껏 축하해주었다.

아주 먼 옛날 하늘에서는
당신을 향한 계획있었죠
하나님께서 바라보시며
좋았더라고 말씀하셨네
이 세상 그 무엇보다 귀하게
나의 손으로 창조하였노라
내가 너로 인하여 기뻐하노라
내가 너를 사랑하노라
사랑해요 축복해요
당신의 마음에 우리의 사랑을 드려요

"사랑해요~~ 축복해요~~" 노래와 함께 아이들은 한 명씩 한 명씩 수아를 안아주며 마지막 인사를 나누었다. 별님에게 그리고 따따이에게 안긴 수아는 그동안의 미안함과 고마움에 쉽게 손을 놓지 못하고 오랫동안 흐느꼈다. 뒤편에서 눈물 흘리며 지켜보던 수아의 아버지도 딸을 힘껏 안아주었다. 작년 법정에서 어색한 옷차림과 태도로 재판받으며 불안에 떨던, 낯설기만 했던 딸이 지금은 시간이 지나 이전의 귀엽고 예쁜 딸로 다시 돌아온 것만 같았다.

다시 둥지 앞에 벚나무가 활짝 꽃피운 따뜻한 봄날. 수아는 환한 웃음꽃을 피우며 아버지와 팔짱을 끼고 둥지 골목길을 떠나갔다. 둥지센터에도 아이들의 환한 웃음꽃으로 겨울이 가고 봄이 왔다. 그렇게 1년이란 시간이 흐르고 또 다시 봄은 우리 곁을 찾아왔다.

흩날리는 벚꽃잎을 보며 꽃 피는 봄이 되어도 꽃마다 피는 시기가 다 다르듯 둥지 아이들이 조금 더디어도 인생의 꽃을 활짝 피워가길 따따이는 기도했다.

"얘들아! 어떤 나무는 싹을 틔우고 있는데 어떤 나무는 꽃잎이 지고 있잖아. 너희들도 다른 또래들에 비해 늦어 보이지만 이제 새순이 움트고 싹을 내밀어 곧 꽃을 활짝 피울 거야. 그동안 어떤 문제와 상황 때문에 날개를 펼치지 못하고 다쳐서 힘들었잖아. 둥지에서 날개에 다시 힘을 얻어 마음껏 꿈을 펼치고 날아오르자. 더 이상 비행(非行)청소년들이 아닌 너희들의 행복한 인생을 비행(飛行)하는 삶이 되길 응원한다!"

수아가 떠나가고 다시 시작된 둥지의 하루.

아침에 법원에서 따따이를 부르는 전화가 울린다.

"센터장님! 오늘 재판에 둥지 처분 예정인 아이가 있습니다. 오후 2시까지 오셔서 아이를 데려가실 준비 부탁합니다"

이번엔 어떤 친구가 어떤 사연을 가지고 올까?

다시 힘을 내어 품어보자.

따따이생각_4

둥지친구들을 어떻게 도울 수 있나요?

    둥지를 위해 물질적으로 후원을 하거나 필요한 물품을 보내주시는 분들이 있습니다. 그리고 아이들을 위해 정기적으로 학습 지도, 다양한 활동 지원(네일아트, 독서지도, 요가, 필라테스, 요리 등)으로 재능 기부를 해주실 분들도 필요합니다. 그리고 한 번씩 식사 초대나 소풍으로 함께 해주시는 분들도 필요합니다. 자신이 가능한 범위에서 근처에 있는 청소년회복센터를 방문해 작은 실천을 해준다면 아이들에게 좋은 어른들과의 만남으로 기억될 것입니다. 더 관심이 있는 분들은 법원의 소년보호 위탁보호위원으로도 활동할 수 있습니다. 제도권에서 도움의 손길을 뻗어주지 못하는 사각지대의 아이들에게 작은 실천들이 일어나길 소망합니다. 저 역시 청소년기에 심하게 방황하며 결국 고등학교를 중퇴한 채로 지냈던 밑바닥의 시절이 있었습니다. 그때 이렇게 달라진 모습으로 살아가리라고 누가 상상이나 했겠습니까? 주변의 좋은 어른들의 따뜻한 관심과 보살핌이 있었기에 지금의 제가 있다고 생각합니다. 항상 '내가 너희를 사랑한 것 같이 사랑하라'는 성경구절 앞에 마음을 가다듬습니다. 많은 기회를 가졌고 수 많은 용서함을 받으며 자라왔기에 이제 기회와 용서가 필요한 아이들을 품고 사랑하려고 합니다. 간절히 바라는 것은 사랑하는 실력이 더해가고 사랑하다가 지치지 않는 것입니다. 제가 둥지를 처음 시작할 때 나태주 님이 쓴 풀꽃이라는 시가 마음에 와닿았습니다. 그런데 둥지를 하면서 속 썩이는 아이들로 인해 시를 위의 사진처럼 바꿔 쓰기도 했습니다. 하지만 이제는 원래의 시에서 딱 한 글자만 바꾸어 쓰고 싶습니다.

자세히 보아도 예쁘다
오래 보아도 사랑스럽다
네가 그렇다

둥지아이들마음

둥지를 퇴소하며

목사님께

아버지 저 둥지 막내 표○○입니다! 저 이제 퇴소합니다. "벌써 시간이 이렇게 갔나~ 제일 말 잘 듣던 ○○이 가나~" 하실지라도 저 벌써 갑니다.

목사님, 전 목사님 밑에서 지내서 너무 행복했어요. 물론 사모님도 마찬가지! 항상 어디를 가던 "(여기는) 좋은 곳이다. 너희에게 도움이 될 것이다" 며 데리고 가시는 목사님을 보며 가끔 정아랑 투덜대며 "여길 왜 가냐? 뭐가 좋냐?" 하며 따라가서는 제일 좋아하긴 했습니다. 편지지 한 장으로 제 마음을 다 전하진 못하지만 그래도 조금이라도 전할 수 있다는 게 기쁩니다. 퇴소하고 나서도 자주 놀러올게요.

목사님, 제 말도 잘 들어주시고 아이들을 사랑하시는 마음이 너무 멋지세요. 아빠 같이 든든한 어른이 되어 주셨고, 제가 믿을 수 있는 멋진 어른이셨습니다. 생각 많이 나겠지만 다시 들어오지는 않을거에요(뒷마당 청소하기 싫어서).

책 내신다는 거 꼭 잘 내시면 좋겠어요. 제가 꼭 살게요. 둥지 막내 표○○이 아닌 그냥 표○○이 된 이상 사고 치지 않고 멋지게 가끔 사모님 밥 얻어 먹으러 오겠습니다. 항상 감사했습니다.

목사님, 아프지 마시고 건강해 주세요. 많은 사람들을 더 사랑해 주세요. 사랑합니다.

2020년 3월

표 ○ ○

다시 아빠 해주세요!

초판 1쇄 발행   2021년 12월 24일
2쇄 발행   2022년 7월 15일

지은이   임윤택
펴낸이   김희정
펴낸곳   도서출판 엠마우스

출판등록   제328-2018-0000005호
이메일   dsubsj@hanmail.net
주 소   부산 영도구 청학동 85

ISBN   979-11-967236-4-4   03230

잘못된 책은 바꿔 드립니다.
책값은 뒤표지에 있습니다.

독자의 의견을 기다립니다.
dsubsj@hanmail.net